Bryn Mawr Commentaries

The Homeric Hymn to Hermes

Julia Haig Gaisser

Department of Greek, Bryn Mawr College
Bryn Mawr, Pennsylvania

Copyright ©1983 by **Bryn Mawr Commentaries**

Manufactured in the United States of America
ISBN 0-929524-18-7
Printed and distributed by
Bryn Mawr Commentaries
Thomas Library
Bryn Mawr College
Bryn Mawr, PA 19010

Series Preface

These lexical and grammatical notes are meant not as a full-scale commentary but as a clear and concise aid to the beginning student. The editors have been told to resist their critical impulses and to say only what will help the student read the text. Our commentaries, then, are the beginning of the interpretative process, not the end.

We expect that the student will know the basic Attic declensions and conjugations, basic grammar (the common functions of cases and moods; the common types of clauses and conditions), and how to use a dictionary. In general we have tried to avoid duplication of material easily extractable from the lexicon, but we have included help with odd verb forms, and, recognizing that endless page-flipping can be counter-productive, we have provided the occasional bonus of assistance with uncommon vocabulary.

The commentaries are based on the Oxford Classical Text unless otherwise noted. Oxford University Press has kindly allowed us to print its edition of the Greek text in cases where we thought it would be particularly beneficial to the student. The text was set by Stephen V. F. Waite of Logoi Systems (Hanover, N.H.).

Production of these commentaries has been made possible by a generous grant from the Division of Education Programs, the National Endowment for the Humanities.

> Richard Hamilton, General Editor
> Gregory W. Dickerson, Associate Editor
> Gilbert P. Rose, Associate Editor

Metrical Note

The *Homeric Hymns* are composed in dactylic hexameter, which is the normal meter of Greek and Latin epic poetry. Each line (hexameter) has six measures (=metra) or feet, which may be either dactyls (diagrammed - ˘ ˘)* or spondees (diagrammed - -). The sixth (last) foot is *always* a spondee; the first five are either spondees or dactyls, with dactyls predominating, especially in the fifth foot, which is spondaic about 1 out of 20 times in the *Iliad* and *Odyssey*. Line 9 of this Hymn is such a "spondaic" verse. The first verse of this Hymn is analyzed (or "scanned") as follows:

Ἑρμῆν ὕμνει, Μοῦσα, Διὸς καὶ Μαιάδος υἱόν.

Note that a syllable is long if it contains (a) a long vowel or a diphthong or (b) a short vowel followed by two consonants (ζ, ξ, ψ count as double consonants). One or both consonants may belong to the beginning of the following word.

A syllable is short if it contains a short vowel and is not lengthened by the double consonant rule (b).

The Greek vowels ε and ο are always short; η and ω always long; α, ι, υ may be long *or* short by nature, and their natural quantities in the root of any given word are often noted in the lexicon.

In epic, a long vowel or diphthong is regularly (but not always) shortened in pronunciation if it ends a word and is directly followed by a word which begins with a vowel ("epic correption"), for example, οὐρανῷ ἐστήρικτο (line 11). The final syllable of the verse is treated as long regardless of its natural length (see lines 1 and 3).

The epic dactylic hexameter virtually always has a word-end occurring *within* the third foot ("caesura"). Caesura frequently coincides with a pause in a sentence or a break between sentences. Diaeresis (word end coinciding with the *end* of a foot) tends to be avoided in order to keep the rhythm from becoming choppy or obvious, but it is common at the end of the fourth foot, a practice which helps to emphasize the normal verse ending - ˘ ˘ - -.

* ˘ is a short syllable; - is a long syllable.

iv

Εἰς Ἑρμῆν

Ἑρμῆν ὕμνει Μοῦσα Διὸς καὶ Μαιάδος υἱόν,
Κυλλήνης μεδέοντα καὶ Ἀρκαδίης πολυμήλου,
ἄγγελον ἀθανάτων ἐριούνιον, ὃν τέκε Μαῖα
νύμφη ἐϋπλόκαμος Διὸς ἐν φιλότητι μιγεῖσα
αἰδοίη· μακάρων δὲ θεῶν ἠλεύαθ' ὅμιλον   5
ἄντρον ἔσω ναίουσα παλίσκιον, ἔνθα Κρονίων
νύμφῃ ἐϋπλοκάμῳ μισγέσκετο νυκτὸς ἀμολγῷ,
ὄφρα κατὰ γλυκὺς ὕπνος ἔχοι λευκώλενον Ἥρην,
λήθων ἀθανάτους τε θεοὺς θνητούς τ' ἀνθρώπους.
ἀλλ' ὅτε δὴ μεγάλοιο Διὸς νόος ἐξετελεῖτο,   10
τῇ δ' ἤδη δέκατος μεὶς οὐρανῷ ἐστήρικτο,
εἴς τε φόως ἄγαγεν, ἀρίσημά τε ἔργα τέτυκτο·
καὶ τότ' ἐγείνατο παῖδα πολύτροπον, αἱμυλομήτην,
ληϊστῆρ', ἐλατῆρα βοῶν, ἡγήτορ' ὀνείρων,

---

codices M *x y p* (Mon. usque ad 192 O usque ad 80)   Titvlvs.
τοῦ αὐτοῦ ὕμνοι εἰς ἑρμῆν M : ὕμνος δεύτερος εἰς ἑρμῆν E T : εἰς ἑρμῆν
D L¹ Π ed. pr. : εἰς τὸν ἑρμῆν *p*   1 ὑμνεῖ *x* At D ed. pr.   5 ἠλαύνετ'
At   10 δὴ om. *p*   11 μὴς (ss. εἰς) M : μεῖς D ed. pr., cf. T 117
13 τότε γείνατο *x* M

ΕΙΣ ΕΡΜΗΝ

νυκτὸς ὀπωπητῆρα, πυληδόκον, ὃς τάχ' ἔμελλεν 15
ἀμφανέειν κλυτὰ ἔργα μετ' ἀθανάτοισι θεοῖσιν.
ἠῷος γεγονὼς μέσῳ ἤματι ἐγκιθάριζεν,
ἑσπέριος βοῦς κλέψεν ἑκηβόλου Ἀπόλλωνος,
τετράδι τῇ προτέρῃ τῇ μιν τέκε πότνια Μαῖα.
ὃς καὶ ἐπεὶ δὴ μητρὸς ἀπ' ἀθανάτων θόρε γυίων 20
οὐκέτι δηρὸν ἔκειτο μένων ἱερῷ ἐνὶ λίκνῳ,
ἀλλ' ὅ γ' ἀναΐξας ζήτει βόας Ἀπόλλωνος
οὐδὸν ὑπερβαίνων ὑψηρεφέος ἄντροιο.
ἔνθα χέλυν εὑρὼν ἐκτήσατο μυρίον ὄλβον·
Ἑρμῆς τοι πρώτιστα χέλυν τεκτήνατ' ἀοιδόν, 25
ἥ ῥά οἱ ἀντεβόλησεν ἐπ' αὐλείῃσι θύρῃσι
βοσκομένη προπάροιθε δόμων ἐριθηλέα ποίην,
σαῦλα ποσὶν βαίνουσα· Διὸς δ' ἐριούνιος υἱὸς
ἀθρήσας ἐγέλασσε καὶ αὐτίκα μῦθον ἔειπε·
σύμβολον ἤδη μοι μέγ' ὀνήσιμον, οὐκ ὀνοτάζω. 30
χαῖρε φυὴν ἐρόεσσα χοροιτύπε δαιτὸς ἑταίρη,
ἀσπασίη προφανεῖσα· πόθεν τόδε καλὸν ἄθυρμα
αἰόλον ὄστρακον ἔσσο χέλυς ὄρεσι ζώουσα;
ἀλλ' οἴσω σ' εἰς δῶμα λαβών· ὄφελός τί μοι ἔσσῃ,
οὐδ' ἀποτιμήσω· σὺ δέ με πρώτιστον ὀνήσεις. 35
οἴκοι βέλτερον εἶναι, ἐπεὶ βλαβερὸν τὸ θύρηφιν·
ἦ γὰρ ἐπηλυσίης πολυπήμονος ἔσσεαι ἔχμα
ζώουσ'· ἢν δὲ θάνῃς τότε κεν μάλα καλὸν ἀείδοις.
Ὣς ἄρ' ἔφη· καὶ χερσὶν ἅμ' ἀμφοτέρῃσιν ἀείρας
ἄψ εἴσω κίε δῶμα φέρων ἐρατεινὸν ἄθυρμα. 40
ἔνθ' ἀναπηλήσας γλυφάνῳ πολιοῖο σιδήρου

15 ὀπωπ[ητῆρα Kaibel Ep. Gr. 1032. 1 = I. G. Sic. Ital. 2557
21 ἱερῶς E T   33 ἔσσο Matthiae, Tyrrell : ἐσσὶ codd.   36 βέλ-
τιον B Γ: σῇ τὸν ἡσίοδον κλέψαντα (κεκλοφότα p) τὸν στίχον [Opp. 365]
L¹ π C L² L³ O R¹ R²; cf. Cercidas fr. 3 (P. L. G. ii, 514), carm. pop.
21 ib. iii. 662; σὴ· περὶ ἀποδημήσεως Π   τὸ om. x D   37 ἐπηλύ-
σιος B Γ R¹   ἔχμα Ruhnken: αἰχμὰ codd. (αἴχμα M: αἰγχμὰ
L¹)   38 θάνῃς M D ed. pr.: θάνοις cet.   κεν Hermann: ἂν codd.
ἀείδεις (ss. οις) E T   41 ἀναπειρήνας Stephanus: ἀναπηδήσας Barnes;
ἀναπιλήσας perperam Hermann : ἀναπειλήσας Agar

ΥΜΝΟΙ

αἰῶν' ἐξετόρησεν ὀρεσκῴοιο χελώνης.
ὡς δ' ὁπότ' ὠκὺ νόημα διὰ στέρνοιο περήσῃ
ἀνέρος ὅν τε θαμιναὶ ἐπιστρωφῶσι μέριμναι,
ἢ ὅτε δινηθῶσιν ἀπ' ὀφθαλμῶν ἀμαρυγαί,   45
ὣς ἅμ' ἔπος τε καὶ ἔργον ἐμήδετο κύδιμος Ἑρμῆς.
πῆξε δ' ἄρ' ἐν μέτροισι ταμὼν δόνακας καλάμοιο
πειρήνας διὰ νῶτα διὰ ῥινοῖο χελώνης.
ἀμφὶ δὲ δέρμα τάνυσσε βοὸς πραπίδεσσιν ἑῇσι,
καὶ πήχεις ἐνέθηκ', ἐπὶ δὲ ζυγὸν ἤραρεν ἀμφοῖν,   50
ἑπτὰ δὲ συμφώνους ὀίων ἐτανύσσατο χορδάς.
αὐτὰρ ἐπεὶ δὴ τεῦξε φέρων ἐρατεινὸν ἄθυρμα
πλήκτρῳ ἐπειρήτιζε κατὰ μέλος, ἡ δ' ὑπὸ χειρὸς
σμερδαλέον κονάβησε· θεὸς δ' ὑπὸ καλὸν ἄειδεν
ἐξ αὐτοσχεδίης πειρώμενος, ἠΰτε κοῦροι   55
ἡβηταὶ θαλίῃσι παραιβόλα κερτομέουσιν,
ἀμφὶ Δία Κρονίδην καὶ Μαιάδα καλλιπέδιλον
†ὃν πάρος ὠρίζεσκον† ἑταιρείῃ φιλότητι,
ἥν τ' αὐτοῦ γενεὴν ὀνομακλυτὸν ἐξονομάζων·
ἀμφιπόλους τε γέραιρε καὶ ἀγλαὰ δώματα νύμφης,   60
καὶ τρίποδας κατὰ οἶκον ἐπηετανούς τε λέβητας.
καὶ τὰ μὲν οὖν ἤειδε, τὰ δὲ φρεσὶν ἄλλα μενοίνα.
καὶ τὴν μὲν κατέθηκε φέρων ἱερῷ ἐνὶ λίκνῳ
φόρμιγγα γλαφυρήν· ὁ δ' ἄρα κρειῶν ἐρατίζων

42 αἰὼν M, marg. γρ. ὡς δοκεῖ μοι ἀγῶν'ἐξετό   ὀρεσκῴ λώνης E L¹ : ὀρεσκώιο κολώνης Π : ὀρεσκώηι λώνης T uv. ante corr.   43 περήσῃ B Franke : περήσει cet.   44 θαμιναὶ codd., Ruhnken : cf. Choerobosc. An. Ox. ii. 180, Matro 79, Nicand. Ther. 239, Call. Aet. 36 (Ox. Pap. vii. 1011), Xen. Anab. iv. 1. 16 (v. l.) : θαμειαὶ Barnes   45 ἢ ὅτε M V² marg. Γ: αἱ ὅτε x : ἂς ὅτε p   δυνηθῶσιν p At   ἀμαλδύναι y 46 ἐμήσατο E   47 ταμὼν] λαβὼν D   48 τετρήνας Matthiae, cf. vv. ll. Herod. ii. 11   pro διὰ ῥινοῖο coni. κραταιρίνοιο Barnes (cl. Herod. i. 47): διατρήτοιο Ludwich   51 συμφώνους] θηλυτέρων Antigonus Carystius c. 7: voce συμφωνούσας utitur Ion Chius 3. 2   53 μέρος codd.   54 κονάβησε M : -ισ(σ)ε cet.   55 ἤντε κόραοι M   56 παραίβολα M   58 ὃν codd. (ὃν πάρος Nonnus ii. 269) : ὣς Γ corr., V² : οἳ Clarke   ἡρίζεσκον Γ : ἐρίζεσκον (ss. ἡ) V² : ὡρίζ. M   καὶ ἑταιρείῃ M   59 ὀνομακλυτὴν p   ὀνομάζων praeter M codd.

ΕΙΣ ΕΡΜΗΝ

ἆλτο κατὰ σκοπιὴν εὐώδεος ἐκ μεγάροιο,   65
ὁρμαίνων δόλον αἰπὺν ἐνὶ φρεσὶν οἷά τε φῶτες
φηληταὶ διέπουσι μελαίνης νυκτὸς ἐν ὥρῃ.
Ἥλιος μὲν ἔδυνε κατὰ χθονὸς ὠκεανὸν δὲ
αὐτοῖσίν θ' ἵπποισι καὶ ἅρμασιν, αὐτὰρ ἄρ' Ἑρμῆς
Πιερίης ἀφίκανε θέων ὄρεα σκιόεντα,   70
ἔνθα θεῶν μακάρων βόες ἄμβροτοι αὖλιν ἔχεσκον
βοσκόμεναι λειμῶνας ἀκηρασίους ἐρατεινούς.
τῶν τότε Μαιάδος υἱὸς ἐΰσκοπος Ἀργειφόντης
πεντήκοντ' ἀγέλης ἀπετάμνετο βοῦς ἐριμύκους.
πλανοδίας δ' ἤλαυνε διὰ ψαμαθώδεα χῶρον   75
ἴχνι' ἀποστρέψας· δολίης δ' οὐ λήθετο τέχνης
ἀντία ποιήσας ὁπλάς, τὰς πρόσθεν ὄπισθεν,
τὰς δ' ὄπιθεν πρόσθεν, κατὰ δ' ἔμπαλιν αὐτὸς ἔβαινε.
σάνδαλα δ' αὐτίκα ῥιψὶν ἐπὶ ψαμάθοις ἁλίῃσιν
ἄφραστ' ἠδ' ἀνόητα διέπλεκε, θαυματὰ ἔργα,   80
συμμίσγων μυρίκας καὶ μυρσινοειδέας ὄζους.
τῶν τότε συνδήσας νεοθηλέαν ἀγκάλῳ ὥρην
ἀβλαβέως ὑπὸ ποσσὶν ἐδήσατο σάνδαλα κοῦφα
αὐτοῖσιν πετάλοισι, τὰ κύδιμος Ἀργειφόντης
ἔσπασε Πιερίηθεν ὁδοιπορίην ἀλεείνων,   85
οἷά τ' ἐπειγόμενος δολιχὴν ὁδόν, αὐτοτροπήσας.

65 ἆλτο M : ὦρτο p V² : ὦτο x, cf. Υ 62   67 φιληταὶ M D, cf.
159, 175   69 αὐτὰρ ὅγ' Barnes   70 Πηρείη (B 766) non Πιερίη
in fabula pristina videtur stetisse : cf. Antonini Lib. 23 (αἱ δὲ ἐνέμοντο
ἵναπερ ἦσαν αἱ Ἀδμήτου βόες)   θεῶν (sc. θεῖα, cf. 551 ω 67 Υ 53)
codd. praeter D ed. pr.   72 ἀκειρασίους x D ed. pr.   74 ἀγέλας M
76 ἴχνη codd. corr. Hermann cl. 218 al.   78 πρώτας M   79 αὐτίκ'
om. x (σάνδαλα ἔριψεν E: σάνδαλα κ' ἔριψεν L¹: σάνδαλα αὐτίκ' ἔριψεν Π:
δ' αὐτί- in spatio vacuo suppl. T)   ἔριψεν codd. em. Postgate   81 συμ-
μίστων E T : συμμίστων L¹   82 νεοθηλέος ἄγκαλον (ἀγκαλὸν x At Γ
ed. pr.) ὕλης vulg.: νεοθηλέαν ἀγκαλωρήν M   83 ἀβλαδέως Head-
lam J. Ph. 1910. 2   85 ἀλεείνων] ἀλεγύνων Windisch cl. 361
86 αὐτοτροπήσας M V² p y (-τραπήσας Mon. V¹ : αὐτοτροπήσας ὧς E T,
γρ. αὐτοτροπήσας Π marg.) : αὐτοπρεπὴς ὧς L¹ Π D ed. pr. : φὼς pro ὣς
Martin

ΥΜΝΟΙ

τὸν δὲ γέρων ἐνόησε δέμων ἀνθοῦσαν ἀλωὴν
ἱέμενον πεδίον δὲ δι' Ὀγχηστὸν λεχεποίην·
τὸν πρότερος προσέφη Μαίης ἐρικυδέος υἱός·
ὦ γέρον ὅς τε φυτὰ σκάπτεις ἐπικαμπύλος ὤμους,   90
ἦ πολυοινήσεις εὖτ' ἂν τάδε πάντα φέρῃσι

καί τε ἰδὼν μὴ ἰδὼν εἶναι καὶ κωφὸς ἀκούσας,
καὶ σιγᾶν, ὅτε μή τι καταβλάπτῃ τὸ σὸν αὐτοῦ.
Τόσσον φὰς συνέσευε βοῶν ἴφθιμα κάρηνα.
πολλὰ δ' ὄρη σκιόεντα καὶ αὐλῶνας κελαδεινοὺς   95
καὶ πεδί' ἀνθεμόεντα διήλασε κύδιμος Ἑρμῆς.
ὀρφναίη δ' ἐπίκουρος ἐπαύετο δαιμονίη νὺξ
ἡ πλείων, τάχα δ' ὄρθρος ἐγίγνετο δημιοεργός·
ἡ δὲ νέον σκοπιὴν προσεβήσατο δῖα Σελήνη
Πάλλαντος θυγάτηρ Μεγαμηδείδαο ἄνακτος,   100
τῆμος ἐπ' Ἀλφειὸν ποταμὸν Διὸς ἄλκιμος υἱὸς
Φοίβου Ἀπόλλωνος βοῦς ἤλασεν εὐρυμετώπους.
ἀδμῆτες δ' ἵκανον ἐς αὔλιον ὑψιμέλαθρον
καὶ ληνοὺς προπάροιθεν ἀριπρεπέος λειμῶνος.
ἔνθ' ἐπεὶ εὖ βοτάνης ἐπεφόρβει βοῦς ἐριμύκους   105
καὶ τὰς μὲν συνέλασσεν ἐς αὔλιον ἀθρόας οὔσας
λωτὸν ἐρεπτομένας ἠδ' ἑρσήεντα κύπειρον,
σὺν δ' ἐφόρει ξύλα πολλά, πυρὸς δ' ἐπεμαίετο τέχνην.
δάφνης ἀγλαὸν ὄζον ἑλὼν ἐπέλεψε σιδήρῳ

ἄρμενον ἐν παλάμῃ, ἄμπνυτο δὲ θερμὸς ἀϋτμή·   110

87 δέμων ἀνθοῦσαν M : δόμων αἴθουσαν cet.   88 ὀγχηστῶν λεχεποίων M ante corr.   90 ἐπικαμπύλα ξύλα M   91 πολυοινήσεις Ilgen : πολὺ οἰν. M : πολὺ οἰμ- (οἰμ-)ήσεις cet., cf. χρηστοινεῖν Strabo 637 : lacunam stat. Groddeck quam verbis εἶκε πίθη μάλα περ μεμνημένος ἐν φρεσὶ σῇσι E. White explevit   93 σῖγαν E L¹   94 φασὶν ἔσευε codd. (ἔσκευε L¹) corr. ed. pr.   99 σκοπιῇ At D ed. pr.   103 ἤλαυνον At D   108 τέχνην] τύνη M : τέχνη Ilgen   109 ἐπέλεψε x p cet.; ἐνίαλλε M, unde λείαινε Postgate, cf. Quintus xii. 136, Plat. Tim. 65 E   lacunam hic statuit Kuhn *Herabkunft des Feuers* 36   110 ἀνὰ δ' ἄμπνυτο praeter M codd.   θυμὸς αὐτμῇ M

ΕΙΣ ΕΡΜΗΝ

Ἑρμῆς τοι πρώτιστα πυρήϊα πῦρ τ' ἀνέδωκε.
πολλὰ δὲ κάγκανα κᾶλα κατουδαίῳ ἐνὶ βόθρῳ
οὖλα λαβὼν ἐπέθηκεν ἐπηετανά· λάμπετο δὲ φλὸξ
τηλόσε φύζαν ἱεῖσα πυρὸς μέγα δαιομένοιο.
ὄφρα δὲ πῦρ ἀνέκαιε βίῃ κλυτοῦ Ἡφαίστοιο, 115
τόφρα δ' ὑποβρύχιας ἕλικας βοῦς ἕλκε θύραζε
δοιὰς ἄγχι πυρός, δύναμις δέ οἱ ἕπλετο πολλή·
ἀμφοτέρας δ' ἐπὶ νῶτα χαμαὶ βάλε φυσιοώσας·
ἐγκλίνων δ' ἐκύλινδε δι' αἰῶνας τετορήσας,
ἔργῳ δ' ἔργον ὄπαζε ταμὼν κρέα πίονα δημῷ· 120
ὤπτα δ' ἀμφ' ὀβελοῖσι πεπαρμένα δουρατέοισι,
σάρκας ὁμοῦ καὶ νῶτα γεράσμια καὶ μέλαν αἷμα
ἐργμένον ἐν χολάδεσσι, τὰ δ' αὐτοῦ κεῖτ' ἐπὶ χώρης.
ῥινοὺς δ' ἐξετάνυσσε καταστυφέλῳ ἐνὶ πέτρῃ,
ὡς ἔτι νῦν τὰ μέτασσα πολυχρόνιοι πεφύασι 125
δηρὸν δὴ μετὰ ταῦτα καὶ ἄκριτον. αὐτὰρ ἔπειτα
Ἑρμῆς χαρμόφρων εἰρύσατο πίονα ἔργα
λείῳ ἐπὶ πλαταμῶνι καὶ ἔσχισε δώδεκα μοίρας
κληροπαλεῖς· τέλεον δὲ γέρας προσέθηκεν ἑκάστῃ.
ἔνθ' ὁσίης κρεάων ἠράσσατο κύδιμος Ἑρμῆς· 130
ὀδμὴ γάρ μιν ἔτειρε καὶ ἀθάνατόν περ ἐόντα
ἡδεῖ'· ἀλλ' οὐδ' ὧς οἱ ἐπείθετο θυμὸς ἀγήνωρ
καί τε μάλ' ἱμείροντι περῆν ἱερῆς κατὰ δειρῆς.
ἀλλὰ τὰ μὲν κατέθηκεν ἐς αὔλιον ὑψιμέλαθρον,

111 πύρια (ss. ἤ) *x* praeter Π   112 κᾶλα *p* : καλὰ, κάλα cet.
114 φύσαν E: φύζαν cet.: φῦσαν D'Orville, Hemsterhuys   116 ὑποβρύ-
χους Ludwich   εἷλκε codd.   119 ἐγκλίνων] ἐκκρίνας M   αἰῶνος *p* T
corr.: αἰῶνας cet.   120 πίονι praeter M codd., cf. Ψ 750 al.   124 κατὰ
M D ed. pr.   στυφελῇ M   125 τὰ μέτασσα M, O. Müller *Hyperbor.*
Röm. Stud. 310 (An. Ox. i. 280 παρὰ τὴν μετὰ μέτασσα): τὰ μετ' (τάμετ'
E L¹) ἄσσα (ἄσσα) cet. : τὰ μέταζε Baumeister   127 χαρμοφέρων
M *x* : χάρμα φέρων *p*, corr. Stephanus : χαρμόφρων· ὁ Ἑρμῆς Hesych.
132 ἐπεπείθετο M om. ol   133 περ]ην M : πέρην *x* At D ed. pr. : πέρην *p* :
περᾶν Barnes: περῆν' Clarke : πιεῖν Ludwich : παρεῖν' Tucker, cf.
xxx, 8

ΥΜΝΟΙ

δημὸν καὶ κρέα πολλά, μετήορα δ' αἶψ' ἀνάειρε, 135
σῆμα νέης φωρῆς· ἐπὶ δὲ ξύλα κάγκαν' ἀείρας
οὐλόποδ' οὐλοκάρηνα πυρὸς κατεδάμνατ' ἀϋτμῇ.
αὐτὰρ ἐπεί τοι πάντα κατὰ χρέος ἤνυσε δαίμων
σάνδαλα μὲν προέηκεν ἐς Ἀλφειὸν βαθυδίνην,
ἀνθρακιὴν δ' ἐμάρανε, κόνιν δ' ἀμάθυνε μέλαιναν 140
παννύχιος· καλὸν δὲ φόως κατέλαμπε Σελήνης.
Κυλλήνης δ' αἶψ' αὖτις ἀφίκετο δῖα κάρηνα
ὄρθριος, οὐδέ τίς οἱ δολιχῆς ὁδοῦ ἀντεβόλησεν
οὔτε θεῶν μακάρων οὔτε θνητῶν ἀνθρώπων,
οὐδὲ κύνες λελάκοντο· Διὸς δ' ἐριούνιος Ἑρμῆς 145
δοχμωθεὶς μεγάροιο διὰ κλήϊθρον ἔδυνεν
αὔρῃ ὀπωρινῇ ἐναλίγκιος ἠΰτ' ὀμίχλη.
ἰθύσας δ' ἄντρου ἐξίκετο πίονα νηὸν
ἦκα ποσὶ προβιβῶν· οὐ γὰρ κτύπεν ὥς περ ἐπ' οὔδει.
ἐσσυμένως δ' ἄρα λίκνον ἐπῴχετο κύδιμος Ἑρμῆς· 150
σπάργανον ἀμφ' ὤμοις εἰλυμένος ἠΰτε τέκνον
νήπιον ἐν παλάμῃσι περ' ἰγνύσι λαῖφος ἀθύρων
κεῖτο, χέλυν ἐρατὴν ἐπ' ἀριστερὰ χειρὸς ἐέργων.
μητέρα δ' οὐκ ἄρ' ἔληθε θεὰν θεός, εἶπέ τε μῦθον·
τίπτε σὺ ποικιλομῆτα πόθεν τόδε νυκτὸς ἐν ὥρῃ 155
ἔρχῃ ἀναιδείην ἐπιειμένε; νῦν σε μάλ' οἴω
ἢ τάχ' ἀμήχανα δεσμὰ περὶ πλευρῇσιν ἔχοντα
Λητοΐδου ὑπὸ χερσὶ διὲκ προθύροιο περήσειν,
ἢ σὲ φέροντα μεταξὺ κατ' ἄγκεα φηλητεύσειν.
ἔρρε πάλιν· μεγάλην σε πατὴρ ἐφύτευσε μέριμναν 160
θνητοῖς ἀνθρώποισι καὶ ἀθανάτοισι θεοῖσι.
Τὴν δ' Ἑρμῆς μύθοισιν ἀμείβετο κερδαλέοισι·

136 v. om. M : φωνῆς codd. corr. Hermann cl. 385   138 τοι A ed. om. cet.   ἐπειδὴ M   141 παννύχιον M   ἐπέλαμπε codd. praeter M   148 ἰθύνας praeter M codices   151 ἠλυμένος M   152 περ-ιγνύσι M O : περ' ἰγ. x ed. pr. : παρ' ἰγ. p   155 τάδε codd. corr. Wolf, cf. a 409   157 ἢ τάχ'] δύσαχ' M : δὴ τάχ' Bywater   πλευροῖσι p   159 φέροντα M : λαβόντα cet. ; λαθόντα Matthiae : fort. βαλόντα, cf. a56   φηλητεύσειν p : φιλ- cet., cf. 67   161 θνητῶν (ss. οἷς) E T

ΕΙΣ ΕΡΜΗΝ

μῆτερ ἐμὴ τί με ταῦτα †τιτύσκεαι† ἠΰτε τέκνον
νήπιον, ὃς μάλα παῦρα μετὰ φρεσὶν αἴσυλα οἶδε,
ταρβαλέον καὶ μητρὸς ὑπαιδείδοικεν ἐνιπάς;   165
αὐτὰρ ἐγὼ τέχνης ἐπιβήσομαι ἥ τις ἀρίστη
βουκολέων ἐμὲ καὶ σὲ διαμπερές· οὐδὲ θεοῖσι
νῶϊ μετ' ἀθανάτοισιν ἀδώρητοι καὶ ἄλιστοι
αὐτοῦ τῇδε μένοντες ἀνεξόμεθ', ὡς σὺ κελεύεις.
βέλτερον ἤματα πάντα μετ' ἀθανάτοις ὀαρίζειν   170
πλούσιον ἀφνειὸν πολυλήϊον ἢ κατὰ δῶμα
ἄντρῳ ἐν ἠερόεντι θαασσέμεν· ἀμφὶ δὲ τιμῆς
κἀγὼ τῆς ὁσίης ἐπιβήσομαι ἧς περ Ἀπόλλων.
εἰ δέ κε μὴ δώῃσι πατὴρ ἐμός, ἦ τοι ἔγωγε
πειρήσω, δύναμαι, φηλητέων ὄρχαμος εἶναι.   175
εἰ δέ μ' ἐρευνήσει Λητοῦς ἐρικυδέος υἱός,
ἄλλο τί οἱ καὶ μεῖζον ὀΐομαι ἀντιβολήσειν.
εἶμι γὰρ εἰς Πυθῶνα μέγαν δόμον ἀντιτορήσων·
ἔνθεν ἅλις τρίποδας περικαλλέας ἠδὲ λέβητας
πορθήσω καὶ χρυσόν, ἅλις τ' αἴθωνα σίδηρον   180
καὶ πολλὴν ἐσθῆτα· σὺ δ' ὄψεαι αἴ κ' ἐθέλησθα.
Ὣς οἱ μέν ῥ' ἐπέεσσι πρὸς ἀλλήλους ἀγόρευον
υἱός τ' αἰγιόχοιο Διὸς καὶ πότνια Μαῖα.
ἠὼς δ' ἠριγένεια φόως θνητοῖσι φέρουσα
ὤρνυτ' ἀπ' Ὠκεανοῖο βαθυρρόου· αὐτὰρ Ἀπόλλων   185
Ὀγχηστὸν δ' ἀφίκανε κιὼν πολυήρατον ἄλσος
ἁγνὸν ἐρισφαράγου Γαιηόχου· ἔνθα γέροντα
κνώδαλον εὗρε νέμοντα παρὲξ ὁδοῦ ἕρκος ἀλωῆς.

163 δεδίσκεαι Pierson cl. Υ 201   164 πολλὰ ἐνὶ ... ἄρμενα M
165 ταρβαλέων L¹   167 βουκολέων Ludwich (βουκολέειν Gemoll) : βου-
λεύων codd., cf. Ξ 445   168 ἄλιστοι y (sc. E T in textu, L¹ Π ss.) : ἄπα-
στοι (ss. λι) L² Mon. N P R¹ : ἄπλιστοι A C L² Q : ἄπ στοι B : ἄπαστοι M
At Γ D V¹ ed. pr.   169 ἀεξόμεθ' M   171 πολυλήϊλον E T   173 ἧπερ
E   175 δύναμαι δὲ φιλητέων (φιλητέον M) codd. corr. ed. pr.,
Stoph., Bothe   182 μήτηρ pro μαῖα M   186 ὀγχηστόνδ' Π;
ὀγχηστὸν δ' D E : ὀγχηστόνδ' cet., v. h. Apoll. 230   188 κνώδαλον]
κάνδαλον Ilgen : ἰκμάδα Groddeck : τρόχμαλον seu νωχαλὸν Hermann :
κλῶνας δγ' Schneidewin : καμπύλον Stoll : νώδαλον Ridgeway : κώδαλον
Rossbach   νέμοντα] ἑλῶντα Ilgen : λέγοντα Schneidewin : ἀμῶντα
Tyrrell : δέμοντα Barnes, Fick

ΥΜΝΟΙ

τὸν πρότερος προσέφη Λητοῦς ἐρικυδέος υἱός·
Ὦ γέρον Ὀγχηστοῖο βατοδρόπε ποιήεντος   190
βοῦς ἀπὸ Πιερίης διζήμενος ἐνθάδ' ἱκάνω
πάσας θηλείας, πάσας κεράεσσιν ἑλικτάς,
ἐξ ἀγέλης· ὁ δὲ ταῦρος ἐβόσκετο μοῦνος ἀπ' ἄλλων
κυάνεος, χαροποὶ δὲ κύνες κατόπισθεν ἕποντο
τέσσαρες ἠΰτε φῶτες ὁμόφρονες· οἱ μὲν ἔλειφθεν   195
οἵ τε κύνες ὅ τε ταῦρος, ὃ δὴ περὶ θαῦμα τέτυκται·
ταὶ δ' ἔβαν ἠελίοιο νέον καταδυομένοιο
ἐκ μαλακοῦ λειμῶνος ἀπὸ γλυκεροῖο νομοῖο.
ταῦτά μοι εἰπὲ γεραιὲ παλαιγενὲς εἴ που ὄπωπας
ἀνέρα ταῖσδ' ἐπὶ βουσὶ διαπρήσσοντα κέλευθον.   200
Τὸν δ' ὁ γέρων μύθοισιν ἀμειβόμενος προσέειπεν·
ὦ φίλος ἀργαλέον μὲν ὅσ' ὀφθαλμοῖσιν ἴδοιτο
πάντα λέγειν· πολλοὶ γὰρ ὁδὸν πρήσσουσιν ὁδῖται,
τῶν οἱ μὲν κακὰ πολλὰ μεμαότες, οἱ δὲ μάλ' ἐσθλὰ
φοιτῶσιν· χαλεπὸν δὲ δαήμεναί ἐστιν ἕκαστον.   205
αὐτὰρ ἐγὼ πρόπαν ἦμαρ ἐς ἠέλιον καταδύντα
ἔσκαπτον περὶ γουνὸν ἀλωῆς οἰνοπέδοιο·
παῖδα δ' ἔδοξα φέριστε, σαφὲς δ' οὐκ οἶδα, νοῆσαι,
ὅς τις ὁ παῖς ἅμα βουσὶν ἐϋκραίρῃσιν ὀπήδει
νήπιος, εἶχε δὲ ῥάβδον, ἐπιστροφάδην δ' ἐβάδιζεν,   210
ἐξοπίσω δ' ἀνέεργε, κάρη δ' ἔχεν ἀντίον αὐτῷ.
Φῆ ῥ' ὁ γέρων· ὁ δὲ θᾶττον ὁδὸν κίε μῦθον ἀκούσας.
οἰωνὸν δ' ἐνόει τανυσίπτερον, αὐτίκα δ' ἔγνω
φηλητὴν γεγαῶτα Διὸς παῖδα Κρονίωνος.
ἐσσυμένως δ' ἤϊξεν ἄναξ Διὸς υἱὸς Ἀπόλλων   215
ἐς Πύλον ἠγαθέην διζήμενος εἰλίποδας βοῦς,
πορφυρέῃ νεφέλῃ κεκαλυμμένος εὐρέας ὤμους·

193 ἐβόσκετο om. *p*   200 κέλευθα M   202 ἴδοιμι M : ἴδοιο Ernesti   203 ὁδῖται (ss. σ, sc. ὁδισταί) E   205 πρήσσουσιν M   208 νοήσας M   209 εὐκραίροισιν *p*   211 ἴχον Hermann   212 φῆ δ' L²   θᾶσσον codd., cf. 255   μῦθον ἀκούσας M *y* A B C Γ: φοῖβος ἀπόλλων cet.   214 φηλητὴν ed. pr. ; φηλωτὴν *p* : φιλοτὴν E T : φιλητὴν cet.   217 πορφυρέην L¹ : πορφυρη (ss. ει) E

ΕΙΣ ΕΡΜΗΝ

ἰχνιά τ' εἰσενόησεν Ἑκηβόλος εἶπέ τε μῦθον·
"Ὦ πόποι ἦ μέγα θαῦμα τόδ' ὀφθαλμοῖσιν ὁρῶμαι·
ἴχνια μὲν τάδε γ' ἐστὶ βοῶν ὀρθοκραιράων,   220
ἀλλὰ πάλιν τέτραπται ἐς ἀσφοδελὸν λειμῶνα·
βήματα δ' οὔτ' ἀνδρὸς τάδε γίγνεται οὔτε γυναικὸς
οὔτε λύκων πολιῶν οὔτ' ἄρκτων οὔτε λεόντων·
οὔτε τι κενταύρου λασιαύχενος ἔλπομαι εἶναι
ὅς τις τοῖα πέλωρα βιβᾷ ποσὶ καρπαλίμοισιν·   225
αἰνὰ μὲν ἔνθεν ὁδοῖο, τὰ δ' αἰνότερ' ἔνθεν ὁδοῖο.
"Ὣς εἰπὼν ἤϊξεν ἄναξ Διὸς υἱὸς Ἀπόλλων,
Κυλλήνης δ' ἀφίκανεν ὄρος καταείμενον ὕλῃ
πέτρης εἰς κευθμῶνα βαθύσκιον, ἔνθα τε νύμφη
ἀμβροσίη ἐλόχευσε Διὸς παῖδα Κρονίωνος.   230
ὀδμὴ δ' ἱμερόεσσα δι' οὔρεος ἠγαθέοιο
κίδνατο, πολλὰ δὲ μῆλα ταναύποδα βόσκετο ποίην.
ἔνθα τότε σπεύδων κατεβήσατο λάϊνον οὐδὸν
ἄντρον ἐς ἠερόεν ἑκατηβόλος αὐτὸς Ἀπόλλων.
Τὸν δ' ὡς οὖν ἐνόησε Διὸς καὶ Μαιάδος υἱὸς   235
χωόμενον περὶ βουσὶν ἑκηβόλον Ἀπόλλωνα,
σπάργαν' ἔσω κατέδυνε θυήεντ'· ἠΰτε πολλὴν
πρέμνων ἀνθρακιὴν ὕλης σποδὸς ἀμφικαλύπτει,
ὣς Ἑρμῆς Ἑκάεργον ἰδὼν ἀνεείλε' ἓ αὐτόν.
ἐν δ' ὀλίγῳ συνέλασσε κάρη χεῖράς τε πόδας τε   240
φή ῥα νεόλλουτος προκαλεύμενος ἥδυμον ὕπνον,
ἐγρήσσων ἐτεόν γε· χέλυν δ' ὑπὸ μασχάλῃ εἶχε.
γνῶ δ' οὐδ' ἠγνοίησε Διὸς καὶ Λητοῦς υἱὸς

218, 219 om. M   224 ἔλπομαι εἶναι M y : ἔστιν ὁμοῖα cet. (ἥστιν Π : ἥστην L¹): cf. Batr. 170 b (ἦσαν ὁμοῖοι)   230 κρονίωνα M   232 ταναύποδα x : τανύποδα cet., cf. Apoll. 304   238 ὁλοσποδὸς M : ὕλης σποδὸς cet. i. q. τῇ ξυλίνῃ σποδῷ Strab. 269, cf. ἄνθρακα δρυός Galen. xiv. 521 K, μηρίων σποδόν Herod. iv. 35   ἀμφικαλύπτοι codd. praeter D ed. pr.   239 ἀλέεινεν (-ον Ε Π) codd. em. Postgate (ἀνέειλεν Lohsce) ; ἀλέαινεν Ilgen   241 δή ῥα νεόλλουτος M x p : θῆρα νέον λοχάων (-εύων Π mg.) y : φή Barnes   νήδυμον p   προκαλούμενος M   242 ἄγρης (ἄγρην Β : ἄγρην (ss. s) εἰνεόν γε Γ) εἰνέτεόν τε codd. : ἐγρήσσων invenit Martin, cetera Hermann   δ' om. codd. add. Hermann

ΥΜΝΟΙ

νύμφην τ' οὐρείην περικαλλέα καὶ φίλον υἱόν,
παῖδ' ὀλίγον δολίης εἰλυμένον ἐντροπίῃσι.   245
παπτήνας δ' ἀνὰ πάντα μυχὸν μεγάλοιο δόμοιο
τρεῖς ἀδύτους ἀνέῳγε λαβὼν κληῖδα φαεινὴν
νέκταρος ἐμπλείους ἠδ' ἀμβροσίης ἐρατεινῆς·
πολλὸς δὲ χρυσός τε καὶ ἄργυρος ἔνδον ἔκειτο,
πολλὰ δὲ φοινικόεντα καὶ ἄργυφα εἵματα νύμφης,   250
οἷα θεῶν μακάρων ἱεροὶ δόμοι ἐντὸς ἔχουσιν.
ἔνθ' ἐπεὶ ἐξερέεινε μυχοὺς μεγάλοιο δόμοιο
Λητοΐδης μύθοισι προσηύδα κύδιμον Ἑρμῆν·
Ὦ παῖ ὃς ἐν λίκνῳ κατάκειαι, μήνυέ μοι βοῦς
θᾶττον· ἐπεὶ τάχα νῶϊ διοισόμεθ' οὐ κατὰ κόσμον.   255
ῥίψω γάρ σε βαλὼν ἐς Τάρταρον ἠερόεντα,
εἰς ζόφον αἰνόμορον καὶ ἀμήχανον· οὐδέ σε μήτηρ
ἐς φάος οὐδὲ πατὴρ ἀναλύσεται, ἀλλ' ὑπὸ γαίῃ
ἐρρήσεις ὀλίγοισι μετ' ἀνδράσιν ἡγεμονεύων.
Τὸν δ' Ἑρμῆς μύθοισιν ἀμείβετο κερδαλέοισι·   260
Λητοΐδη τίνα τοῦτον ἀπηνέα μῦθον ἔειπας
καὶ βοῦς ἀγραύλους διζήμενος ἐνθάδ' ἱκάνεις;
οὐκ ἴδον, οὐ πυθόμην, οὐκ ἄλλου μῦθον ἄκουσα·
οὐκ ἂν μηνύσαιμ', οὐκ ἂν μήνυτρον ἀροίμην·
οὐδὲ βοῶν ἐλατῆρι κραταιῷ φωτὶ ἔοικα,   265
οὐδ' ἐμὸν ἔργον τοῦτο, πάρος δέ μοι ἄλλα μέμηλεν·
ὕπνος ἐμοί γε μέμηλε καὶ ἡμετέρης γάλα μητρός,
σπάργανά τ' ἀμφ' ὤμοισιν ἔχειν καὶ θερμὰ λοετρά.
μή τις τοῦτο πύθοιτο πόθεν τόδε νεῖκος ἐτύχθη·
καί κεν δὴ μέγα θαῦμα μετ' ἀθανάτοισι γένοιτο   270
παῖδα νέον γεγαῶτα διὰ προθύροιο περῆσαι
βουσὶ μετ' ἀγραύλοισι· τὸ δ' ἀπρεπέως ἀγορεύεις.

246 ἀνὰ M: ἄρα cet.   248 ἐμπλείους M: ἐκπλείους cet.   254 λί-
κνῳ] κλίνῃ *x* At D   κατάκηαι *p* praeter N   256 λαβὼν Ilgen
259 ὀλίγοισι *parvulis* : κἀμὲ τὸν ἐν σμικροῖς ὀλίγον θεόν Anth. Pal. ix.
334 : ὀμφακίας νεκροὺς *infantes* Lucian Catapl. 5   μετ' M : ἐν cet.
265 οὔτε codd. corr. Baumeister : οὔτι Hermann   269 πόθου pro
πόθεν T   272 ἀγραύλῃσι M

ΕΙΣ ΕΡΜΗΝ

χθὲς γενόμην, ἀπαλοὶ δὲ πόδες, τρηχεῖα δ' ὑπὸ χθών.
εἰ δὲ θέλεις πατρὸς κεφαλὴν μέγαν ὅρκον ὀμοῦμαι·
μὴ μὲν ἐγὼ μήτ' αὐτὸς ὑπίσχομαι αἴτιος εἶναι, 275
μήτε τιν' ἄλλον ὅπωπα βοῶν κλοπὸν ὑμετεράων,
αἵ τινες αἱ βόες εἰσί· τὸ δὲ κλέος οἷον ἀκούω.
Ὣς ἄρ' ἔφη καὶ πυκνὸν ἀπὸ βλεφάρων ἀμαρύσσων
ὀφρύσι ῥιπτάζεσκεν ὁρώμενος ἔνθα καὶ ἔνθα,
μάκρ' ἀποσυρίζων, ἅλιον τὸν μῦθον ἀκούων. 280
τὸν δ' ἁπαλὸν γελάσας προσέφη ἑκάεργος Ἀπόλλων·
Ὦ πέπον ἠπεροπευτὰ δολοφραδὲς ἦ σε μάλ' οἴω
πολλάκις ἀντιτοροῦντα δόμους εὖ ναιετάοντας
ἔννυχον οὔ χ' ἕνα μοῦνον ἐπ' οὐδεϊ φῶτα καθίσσαι
σκευάζοντα κατ' οἶκον·ἄτερ ψόφου, οἷ' ἀγορεύεις. 285
πολλοὺς δ' ἀγραύλους ἀκαχήσεις μηλοβοτῆρας
οὔρεος ἐν βήσσῃς, ὁπόταν κρειῶν ἐρατίζων
ἀντῇς βουκολίοισι καὶ εἰροπόκοις ὀίεσσιν.
ἀλλ' ἄγε, μὴ πύματόν τε καὶ ὕστατον ὕπνον ἰαύσῃς,
ἐκ λίκνου κατάβαινε μελαίνης νυκτὸς ἑταῖρε. 290
τοῦτο γὰρ οὖν καὶ ἔπειτα μετ' ἀθανάτοις γέρας ἕξεις·
ἀρχὸς φηλητέων κεκλήσεαι ἤματα πάντα.
Ὣς ἄρ' ἔφη καὶ παῖδα λαβὼν φέρε Φοῖβος Ἀπόλλων.
σὺν δ' ἄρα φρασσάμενος τότε δὴ κρατὺς Ἀργειφόντης
οἰωνὸν προέηκεν ἀειρόμενος μετὰ χερσί, 295
τλήμονα γαστρὸς ἔριθον ἀτάσθαλον ἀγγελιώτην.
ἐσσυμένως δὲ μετ' αὐτὸν ἐπέπταρε, τοῖο δ' Ἀπόλλων
ἔκλυεν, ἐκ χειρῶν δὲ χαμαὶ βάλε κύδιμον Ἑρμῆν.

273 δ' ὀσποχθὼν L¹ 279 ῥιπάζεσκεν M 280 τὸν y At D : ὡς M ed. pr. : ὡς τὸν p 284 οὐχ (οὐδ' M) codd. em. Tucker 286 δραύλους x D (δραύλους ss. δ' ἀγραύλους T) 287 κρειῶν] μήλων M 288 ἄντην βουκολίοισι καὶ εἰροπόκοις οἴεσσιν y corr. Gemoll : ἀντήσῃς (-εις) ἀγέλῃσι βοῶν καὶ πώεσι μήλων cet. 289 ἰαύσεις M : ἰαύῃς Π 290 νυκτὸς δὲ φίλη καὶ ἑταίρη carmen ap. Origen. in haeret. 72 (P. L. G. iii. 682) 292 αὖχος M : ἀργὸς E φηλητέων ed. pr. : φηλι////τέων corr. ex φιλητέων P : φηλιτέων p praeter B R² : φιλητέων cet. 296 τλήμονα μετὰ E T, cf. xxvii. 13

ΥΜΝΟΙ

ἕζετο δὲ προπάροιθε καὶ ἐσσύμενός περ ὁδοῖο
Ἑρμῆν κερτομέων, καί μιν πρὸς μῦθον ἔειπε·   300
Θάρσει σπαργανιῶτα Διὸς καὶ Μαιάδος υἱέ·
εὑρήσω καὶ ἔπειτα βοῶν ἴφθιμα κάρηνα
τούτοις οἰωνοῖσι· σὺ δ' αὖθ' ὁδὸν ἡγεμονεύσεις.
Ὣς φάθ'· ὁ δ' αὖτ' ἀνόρουσε θοῶς Κυλλήνιος Ἑρμῆς
σπουδῇ ἰών· ἄμφω δὲ παρ' οὔατα χερσὶν ἐώθει,   305
σπάργανον ἀμφ' ὤμοισιν ἐελμένος, εἶπε δὲ μῦθον·
Πῇ με φέρεις Ἑκάεργε θεῶν ζαμενέστατε πάντων;
ἦ με βοῶν ἕνεχ' ὧδε χολούμενος ὀρσολοπεύεις;
ὢ πόποι εἴθ' ἀπόλοιτο βοῶν γένος· οὐ γὰρ ἐγώ γε
ὑμετέρας ἔκλεψα βόας, οὐδ' ἄλλον ὄπωπα,   310
αἵ τινές εἰσι βόες· τὸ δὲ δὴ κλέος οἷον ἀκούω.
δὸς δὲ δίκην καὶ δέξο παρὰ Ζηνὶ Κρονίωνι.
Αὐτὰρ ἐπεὶ τὰ ἕκαστα διαρρήδην ἐρέεινον
Ἑρμῆς τ' οἰοπόλος καὶ Λητοῦς ἀγλαὸς υἱὸς
ἀμφὶς θυμὸν ἔχοντες· ὁ μὲν νημερτέα φωνὴν   315

οὐκ ἀδίκως ἐπὶ βουσὶν ἐλάζυτο κύδιμον Ἑρμῆν,
αὐτὰρ ὁ τέχνῃσίν τε καὶ αἰμυλίοισι λόγοισιν
ἤθελεν ἐξαπατᾶν Κυλλήνιος Ἀργυρότοξον·
αὐτὰρ ἐπεὶ πολύμητις ἐὼν πολυμήχανον εὗρεν
ἐσσυμένως δὴ ἔπειτα διὰ ψαμάθοιο βάδιζε   320
πρόσθεν, ἀτὰρ κατόπισθε Διὸς καὶ Λητοῦς υἱός.
αἶψα δὲ τέρθρον ἵκοντο θυώδεος Οὐλύμποιο
ἐς πατέρα Κρονίωνα Διὸς περικαλλέα τέκνα·
κεῖθι γὰρ ἀμφοτέροισι δίκης κατέκειτο τάλαντα.

303 αὐτοῖς M   οἰωνοῖς εδ ed. pr. ; οἰωνοῖσιν εδ x D ; σὺ M p (σὺ Γ marg.)   305 commate interpunximus   306 σπάργανον, D'Orville ἐελμένος M ; ἠλιγμένος (ἰλ-) cet. ; ἐελμένον Baumeister ; ἐλελιγμένον Gemoll   308 ἐνέχωνδὲ M   ὀρσοπολεύεις p ; ὀρσολοπεύεις, ἀλλαχῶς ὀρσοπολεύεις V²   312 δέξαι πὰρ p   313 ἔπειτα M   ἐρέεινεν x p M ed. pr.   315 φωνὴν codd. : φῶρα Windisch, cf. 136, 385   lacuna fortasse statuenda servato φωνήν   322 ita M L¹ Π ; δ' ἵκοντο κάρηνα p y ed. pr.

ΕΙΣ ΕΡΜΗΝ

†εὐμιλίη† δ' ἔχ' Ὄλυμπον ἀγάννιφον, ἀθάνατοι δὲ 325
ἄφθιτοι ἠγερέθοντο μετὰ χρυσόθρονον ἠῶ.
ἔστησαν δ' Ἑρμῆς τε καὶ ἀργυρότοξος Ἀπόλλων
πρόσθε Διὸς γούνων· ὁ δ' ἀνείρετο φαίδιμον υἱὸν
Ζεὺς ὑψιβρεμέτης καί μιν πρὸς μῦθον ἔειπε·
Φοῖβε πόθεν ταύτην μενοεικέα ληΐδ' ἐλαύνεις 330
παῖδα νέον γεγαῶτα φυὴν κήρυκος ἔχοντα;
σπουδαῖον τόδε χρῆμα θεῶν μεθ' ὁμήγυριν ἦλθε.
Τὸν δ' αὖτε προσέειπεν ἄναξ ἑκάεργος Ἀπόλλων·
ὦ πάτερ ἦ τάχα μῦθον ἀκούσεαι οὐκ ἀλαπαδνὸν
κερτομέων ὡς οἶος ἐγὼ φιλολήϊός εἰμι. 335
παῖδά τιν' εὗρον τόνδε διαπρύσιον κεραϊστὴν
Κυλλήνης ἐν ὄρεσσι πολὺν διὰ χῶρον ἀνύσσας
κέρτομον, οἶον ἐγώ γε θεῶν οὐκ ἄλλον ὄπωπα
οὐδ' ἀνδρῶν, ὁπόσοι λησίμβροτοί εἰσ' ἐπὶ γαῖαν.
κλέψας δ' ἐκ λειμῶνος ἐμὰς βοῦς ᾤχετ' ἐλαύνων 340
ἑσπέριος παρὰ θῖνα πολυφλοίσβοιο θαλάσσης
εὐθὺ Πύλον δ' ἐλάων· τὰ δ' ἄρ' ἴχνια δοιὰ πέλωρα
οἷά τ' ἀγάσσασθαι καὶ ἀγανοῦ δαίμονος ἔργα.
τῇσιν μὲν γὰρ βουσὶν ἐς ἀσφοδελὸν λειμῶνα
ἀντία βήματ' ἔχουσα κόνις ἀνέφαινε μέλαινα· 345
αὐτὸς δ' οὗτος †ὅδ' ἐκτὸς† ἀμήχανος, οὔτ' ἄρα ποσσὶν
οὔτ' ἄρα χερσὶν ἔβαινε διὰ ψαμαθώδεα χῶρον·
ἀλλ' ἄλλην τινὰ μῆτιν ἔχων διέτριβε κέλευθα
τοῖα πέλωρ' ὡς εἴ τις ἀραιῇσι δρυσὶ βαίνοι.
ὄφρα μὲν οὖν ἐδίωκε διὰ ψαμαθώδεα χῶρον, 350

325 εὐμιλίη M : εὐμυλίη cet. : εὐμελίη, εὐνομίη, στωμυλίη D'Orville : αἱμυλίη Heyne : εὐμελίη, ἐμμελίη Hermann : εὐελίη Franke : ἀδμωλὴ Bergk : εὐδίη Baumeister : αἰθρίη Schmitt : εὐκηλίη Sikes : εὐμολίη Ludwich an οὐμιλίη ac, ὁμιλίη ?   326 ita y : ποτὶ πτύχας οὐλύμποιο cet. 336 ἤγουν (ἢ Π ss, τ) φανερὸν κλέπτην marg. L¹ Π   339 γαῖαν M : γαίη x p   342 εὐθύπυλονδ' M : εὐθυπόρονδ' cet,   δῖα p : δοιὰ cet. 343 ἀγάσ(σ)εσθαι codd, praeter M   344 τοῖσι M   349 βαίνων M

ΥΜΝΟΙ

ῥεῖα μάλ' ἴχνια πάντα διέπρεπεν ἐν κονίῃσιν·
αὐτὰρ ἐπεὶ ψαμάθοιο μέγαν στίβον ἐξεπέρησεν,
ἄφραστος γένετ' ὦκα βοῶν στίβος ἠδὲ καὶ αὐτοῦ
χῶρον ἀνὰ κρατερόν· τὸν δ' ἐφράσατο βροτὸς ἀνὴρ
εἰς Πύλον εὐθὺς ἐλῶντα βοῶν γένος εὐρυμετώπων.   355
αὐτὰρ ἐπεὶ δὴ τὰς μὲν ἐν ἡσυχίῃ κατέερξε
καὶ διαπυρπαλάμησεν ὁδοῦ τὸ μὲν ἔνθα τὸ δ' ἔνθα,
ἐν λίκνῳ κατέκειτο μελαίνῃ νυκτὶ ἐοικὼς
ἄντρῳ ἐν ἠερόεντι κατὰ ζόφον, οὐδέ κεν αὐτὸν
αἰετὸς ὀξὺ λάων ἐσκέψατο· πολλὰ δὲ χερσὶν   360
αὐγὰς ὠμόργαζε δολοφροσύνην ἀλεγύνων.
αὐτὸς δ' αὐτίκα μῦθον ἀπηλεγέως ἀγόρευεν·
οὐκ ἴδον, οὐ πυθόμην, οὐκ ἄλλου μῦθον ἄκουσα,
οὐδέ κε μηνύσαιμ', οὐδ' ἂν μήνυτρον ἀροίμην.

ἦ τοι ἄρ' ὣς εἰπὼν κατ' ἄρ' ἕζετο Φοῖβος Ἀπόλλων·
Ἑρμῆς δ' ἄλλον μῦθον ἐν ἀθανάτοισιν ἔειπε,   366
δείξατο δ' εἰς Κρονίωνα θεῶν σημάντορα πάντων·

Ζεῦ πάτερ ἦ τοι ἐγώ σοι ἀληθείην ἀγορεύσω·
νημερτής τε γάρ εἰμι καὶ οὐκ οἶδα ψεύδεσθαι.
ἦλθεν ἐς ἡμετέρου διζήμενος εἰλίποδας βοῦς   370
σήμερον ἠελίοιο νέον ἐπιτελλομένοιο,
οὐδὲ θεῶν μακάρων ἄγε μάρτυρας οὐδὲ κατόπτας.
μηνύειν δ' ἐκέλευεν ἀναγκαίης ὑπὸ πολλῆς,
πολλὰ δέ μ' ἠπείλησε βαλεῖν ἐς Τάρταρον εὐρύν,
οὕνεχ' ὁ μὲν τέρεν ἄνθος ἔχει φιλοκυδέος ἥβης,   375
αὐτὰρ ἐγὼ χθιζὸς γενόμην· τὰ δέ τ' οἶδε καὶ αὐτός·
οὔ τι βοῶν ἐλατῆρι κραταιῷ φωτὶ ἐοικώς.

352 μέγαν] πολὺν M   356 κατέερξε p : κατέρεξε cet.   357 διαπῦρ
M D L¹ : παλάμησεν M : διὰ πῦρ μάλ' ἄμησεν cet. corr. Ilgen, cf.
Stolz *Wiener Studien* 1903. 251   360 λάων (ss. βλέπων) E L¹
361 ὠ(ὠ᾿μάρταζε codd. (ὠμόρταζε T) em. Ilgen cl. σ 199   ἀλεγύνων
x O : ἀλεγίζων M : ἀλεείνων p, cf. 557   362 ἀπολεγέως E L¹ Π
366 ita y : ἑρμῆς δ' αὖθ' ἑτέρωθεν ἀμειβόμενος ἔπος ηὔδα cet.   368 ἀγο-
ρεύσω M : καταλέξω cet., cf. Κ 384 al.   370 ἡμέτερον Barnes, cf.
β 55, η 301, ρ 534   371 νέον γ' p (praeter A Q) : γ' add. D m. p.

ΕΙΣ ΕΡΜΗΝ

πείθεο, καὶ γὰρ ἐμεῖο πατὴρ φίλος εὔχεαι εἶναι,
ὡς οὐκ οἴκαδ' ἔλασσα βόας, ὡς ὄλβιος εἴην,
οὐδ' ὑπὲρ οὐδὸν ἔβην· τὸ δέ τ' ἀτρεκέως ἀγορεύω. 380
Ἥλιον δὲ μάλ' αἰδέομαι καὶ δαίμονας ἄλλους,
καὶ σὲ φιλῶ καὶ τοῦτον ὀπίζομαι· οἶσθα καὶ αὐτὸς
ὡς οὐκ αἴτιός εἰμι· μέγαν δ' †ἐπιδαίομαι ὅρκον·
οὐ μὰ τάδ' ἀθανάτων εὐκόσμητα προθύραια.
καί ποτ' ἐγὼ τούτῳ τίσω ποτὶ νηλέα φωρὴν 385
καὶ κρατερῷ περ ἐόντι· σὺ δ' ὁπλοτέροισιν ἄρηγε.
Ὣς φάτ' ἐπιλλίζων Κυλλήνιος Ἀργειφόντης,
καὶ τὸ σπάργανον εἶχεν ἐπ' ὠλένῃ οὐδ' ἀπέβαλλε.
Ζεὺς δὲ μέγ' ἐξεγέλασσεν ἰδὼν κακομηδέα παῖδα
εὖ καὶ ἐπισταμένως ἀρνεύμενον ἀμφὶ βόεσσιν. 390
ἀμφοτέρους δ' ἐκέλευσεν ὁμόφρονα θυμὸν ἔχοντας
ζητεύειν, Ἑρμῆν δὲ διάκτορον ἡγεμονεύειν,
καὶ δεῖξαι τὸν χῶρον ἐπ' ἀβλαβίῃσι νόοιο
ὅππῃ δὴ αὖτ' ἀπέκρυψε βοῶν ἴφθιμα κάρηνα.
νεῦσεν δὲ Κρονίδης, ἐπεπείθετο δ' ἀγλαὸς Ἑρμῆς· 395
ῥηϊδίως γὰρ ἔπειθε Διὸς νόος αἰγιόχοιο.
τὼ δ' ἄμφω σπεύδοντε Διὸς περικαλλέα τέκνα
ἐς Πύλον ἠμαθόεντα ἐπ' Ἀλφειοῦ πόρον ἷξον·
ἀγροὺς δ' ἐξίκοντο καὶ αὔλιον ὑψιμέλαθρον
ἠχοῦ δὴ τὰ χρήματ' ἀτάλλετο νυκτὸς ἐν ὥρῃ. 400
ἔνθ' Ἑρμῆς μὲν ἔπειτα κιὼν παρὰ λάϊνον ἄντρον
εἰς φῶς ἐξήλαυνε βοῶν ἴφθιμα κάρηνα·
Λητοΐδης δ' ἀπάτερθεν ἰδὼν ἐνόησε βοείας

381 δὲ om. codd. praeter M 382 ita M : καί σε cet. 383 ἐπιδεύομαι M : ἐπιδαίομαι cet. (δαι in ras. L² : ἐπιδεόμαι Π) : ἐπιδώσομαι Barnes : ἐπιμαίομαι Herwerden : an μέγαν δ' ἄρ' ἐπαιδέομ' ὅρκον? olim μέγαν δ' ἔπι ὅρκον ὀμοῦμαι proposuimus 385 ποτὶ M : ποτὲ cet., cf. p 191 φωρὴν M : φωνὴν cet. 386 κραταιῶ p, cf. 265 394 Ἴφιμα L¹ T 397 σπεύδοντο x At D ed. pr. Γ ss. 398 δ' ἐπ' x At D ed. pr. 400 corr. Fick coll. ηχοι I. G. vii. 235. 16 : ὅχου δὲ τὰ χρήματα τιτάλλετο M : ἧχ' οὐ, ἧχ' οὗ, ἧχ' οὐ sim. cet. ἀτιτάλλετο vulg. : ἀντιβάλλετο E : ἀντιτάλλετο T, em. ed. pr. 401 ἐς pro παρὰ M 402 ἤλαυνε p 403 ἀπάνευθεν M, cf. E 445

ΥΜΝΟΙ

πέτρῃ ἐπ' ἠλιβάτῳ, τάχα δ' ἤρετο κύδιμον Ἑρμῆν·
Πῶς ἐδύνω δολομῆτα δύω βόε δειροτομῆσαι, 405
ὧδε νεογνὸς ἐὼν καὶ νήπιος; αὐτὸς ἐγώ γε
θαυμαίνω κατόπισθε τὸ σὸν κράτος· οὐδὲ τί σε χρὴ
μακρὸν ἀέξεσθαι Κυλλήνιε Μαιάδος υἱέ.
Ὣς ἄρ' ἔφη, καὶ χερσὶ περίστρεφε καρτερὰ δεσμὰ

ἄγνου· ταὶ δ' ὑπὸ ποσσὶ κατὰ χθονὸς αἶψα φύοντο 410
αὐτόθεν ἐμβολάδην ἐστραμμέναι ἀλλήλῃσι
ῥεῖά τε καὶ πάσῃσιν ἐπ' ἀγραύλοισι βόεσσιν
Ἑρμέω βουλῇσι κλεψίφρονος· αὐτὰρ Ἀπόλλων
θαύμασεν ἀθρήσας. τότε δὴ κρατὺς Ἀργειφόντης
χῶρον ὑποβλήδην ἐσκέψατο πῦρ ἀμαρύσσων 415

ἐγκρύψαι μεμαώς· Λητοῦς δ' ἐρικυδέος υἱὸν
ῥεῖα μάλ' ἐπρήϋνεν ἑκηβόλον, ὡς ἔθελ' αὐτός,
καὶ κρατερόν περ ἐόντα· λαβὼν δ' ἐπ' ἀριστερὰ χειρὸς
πλήκτρῳ ἐπειρήτιζε κατὰ μέλος· ἡ δ' ὑπὸ χειρὸς
σμερδαλέον κονάβησε, γέλασσε δὲ Φοῖβος Ἀπόλλων 420
γηθήσας, ἐρατὴ δὲ διὰ φρένας ἤλυθ' ἰωὴ
θεσπεσίης ἐνοπῆς, καί μιν γλυκὺς ἵμερος ᾕρει
θυμῷ ἀκουάζοντα· λύρῃ δ' ἐρατὸν κιθαρίζων
στῆ ῥ' ὅ γε θαρσήσας ἐπ' ἀριστερὰ Μαιάδος υἱὸς
Φοίβου Ἀπόλλωνος, τάχα δὲ λιγέως κιθαρίζων 425
γηρύετ' ἀμβολάδην, ἐρατὴ δέ οἱ ἕσπετο φωνή,
κραίνων ἀθανάτους τε θεοὺς καὶ γαῖαν ἐρεμνὴν
ὡς τὰ πρῶτα γένοντο καὶ ὡς λάχε μοῖραν ἕκαστος.

404 γαίη κατ' M   εἴρετο M   406 νεογνοίων M   408 δέξα-
σθαι M   409 lacunam hic et 415 stat. Baumeister   410 ἀγνοῦ
L¹ T (ex ἀγ.): ἄγνου, ἀγνοῦ cet.: ἄγνους Ludwich   φέροντο V²
411 ἀμβολάδην M   412 ἀγραύλησι M *   414 ὅτε V¹   417 ἐπρύ-
νεν E T (-εν ex -αν)   418 χειρὸς] λύρην M   420 κονάβισσε p
422 v. om. praeter M omnes   425 λλιγέως *   426 ἕπετο T
427 κραίνων] κλείων Hermann: αἰνῶν Steph. ; οὐρανὸν Tucker   κραίνειν·
τιμᾶν. κραίνουσι· πληροῦσι, παρέχουσι, τιμῶσι. Hesych., cf. τ 567,
Emped. 111, 9 Diels

ΕΙΣ ΕΡΜΗΝ

Μνημοσύνην μὲν πρῶτα θεῶν ἐγέραιρεν ἀοιδῇ
μητέρα Μουσάων, ἡ γὰρ λάχε Μαιάδος υἱόν· 430
τοὺς δὲ κατὰ πρέσβιν τε καὶ ὡς γεγάασιν ἕκαστος
ἀθανάτους ἐγέραιρε θεοὺς Διὸς ἀγλαὸς υἱὸς
πάντ' ἐνέπων κατὰ κόσμον, ἐπωλένιον κιθαρίζων.
τὸν δ' ἔρος ἐν στήθεσσιν ἀμήχανος αἴνυτο θυμόν,
καί μιν φωνήσας ἔπεα πτερόεντα προσηύδα· 435
Βουφόνε μηχανιῶτα πονεύμενε δαιτὸς ἑταῖρε
πεντήκοντα βοῶν ἀντάξια ταῦτα μέμηλας.
ἡσυχίως καὶ ἔπειτα διακρινέεσθαι ὀίω.
νῦν δ' ἄγε μοι τόδε εἰπὲ πολύτροπε Μαιάδος υἱὲ
ἦ σοί γ' ἐκ γενετῆς τάδ' ἅμ' ἕσπετο θαυματὰ ἔργα 440
ἦέ τις ἀθανάτων ἠὲ θνητῶν ἀνθρώπων
δῶρον ἀγαυὸν ἔδωκε καὶ ἔφρασε θέσπιν ἀοιδήν;
θαυμασίην γὰρ τήνδε νεήφατον ὄσσαν ἀκούω,
ἣν οὔ πώ ποτέ φημι δαήμεναι οὔτε τιν' ἀνδρῶν,
οὔτε τιν' ἀθανάτων οἳ Ὀλύμπια δώματ' ἔχουσι, 445
νόσφι σέθεν φηλῆτα Διὸς καὶ Μαιάδος υἱέ.
τίς τέχνη, τίς μοῦσα ἀμηχανέων μελεδώνων,
τίς τρίβος; ἀτρεκέως γὰρ ἅμα τρία πάντα πάρεστιν
εὐφροσύνην καὶ ἔρωτα καὶ ἥδυμον ὕπνον ἑλέσθαι.
καὶ γὰρ ἐγὼ Μούσῃσιν Ὀλυμπιάδεσσιν ὀπηδός, 450
τῇσι χοροί τε μέλουσι καὶ ἀγλαὸς οἶμος ἀοιδῆς
καὶ μολπὴ τεθαλυῖα καὶ ἱμερόεις βρόμος αὐλῶν·
ἀλλ' οὔ πώ τί μοι ὧδε μετὰ φρεσὶν ἄλλο μέλησεν
οἷα νέων θαλίῃς ἐνδέξια ἔργα πέλονται·
θαυμάζω Διὸς υἱὲ τάδ' ὡς ἐρατὸν κιθαρίζεις. 455
νῦν δ' ἐπεὶ οὖν ὀλίγος περ ἐὼν κλυτὰ μήδεα οἶδας,

431 πρέσβην codd. em. Matthiae, cf. 515   ἅπαντες M   438 διακρί-
νεσθαι M D   440 σοί γ'] σὺ p   γενεῆς praeter M libri   443 super
νεήφατον nonnihil scriptum habet T (ην ί ειν?)   446 φηλητὰ p At:
φιλητὰ cet. acc. corr. Barnes   448 τρὶς Γ   449 νήδυμον p
451 ὕμνος M y; οἶμος cet.   453 ἄλλο M: ὧδε cet., cf. Apoll. 452
456 οἶσθα M

ΥΜΝΟΙ

ἷζε πέπον καὶ μῦθον ἐπαίνει πρεσβυτέροισι.
νῦν γάρ τοι κλέος ἔσται ἐν ἀθανάτοισι θεοῖσι
σοί τ' αὐτῷ καὶ μητρί· τὸ δ' ἀτρεκέως ἀγορεύσω·
ναὶ μὰ τόδε κρανέϊνον ἀκόντιον ἢ μὲν ἐγώ σέ   460
κυδρὸν ἐν ἀθανάτοισι καὶ ὄλβιον †ἡγεμονεύσω,
δώσω τ' ἀγλαὰ δῶρα καὶ ἐς τέλος οὐκ ἀπατήσω.
Τὸν δ' Ἑρμῆς μύθοισιν ἀμείβετο κερδαλέοισιν·
εἰρωτᾷς μ' Ἑκάεργε περιφραδές· αὐτὰρ ἐγώ σοι
τέχνης ἡμετέρης ἐπιβήμεναι οὔ τι μεγαίρω.   465
σήμερον εἰδήσεις· ἐθέλω δέ τοι ἤπιος εἶναι
βουλῇ καὶ μύθοισι, σὺ δὲ φρεσὶ πάντ' εὖ οἶδας.
πρῶτος γὰρ Διὸς υἱὲ μετ' ἀθανάτοισι θαάσσεις
ἠΰς τε κρατερός τε· φιλεῖ δέ σε μητίετα Ζεὺς
ἐκ πάσης ὁσίης, ἔπορεν δέ τοι ἀγλαὰ δῶρα·   470
καὶ τιμὰς σὲ δέ φασι δαήμεναι ἐκ Διὸς ὀμφῆς
μαντείας θ' Ἑκάεργε Διὸς πάρα, θέσφατα πάντα·
τῶν νῦν αὐτὸς ἔγωγε †παῖδ' ἀφνειὸν† δεδάηκα.
σοὶ δ' αὐτάγρετόν ἐστι δαήμεναι ὅττι μενοινᾷς.
ἀλλ' ἐπεὶ οὖν τοι θυμὸς ἐπιθύει κιθαρίζειν,   475
μέλπεο καὶ κιθάριζε καὶ ἀγλαΐας ἀλέγυνε
δέγμενος ἐξ ἐμέθεν· σὺ δέ μοι φίλε κῦδος ὄπαζε.
εὐμόλπει μετὰ χερσὶν ἔχων λιγύφωνον ἑταίρην
καλὰ καὶ εὖ κατὰ κόσμον ἐπιστάμενος ἀγορεύειν.
εὔκηλος μὲν ἔπειτα φέρειν εἰς δαῖτα θάλειαν   480
καὶ χορὸν ἱμερόεντα καὶ ἐς φιλοκυδέα κῶμον,

457, 458 om. praeter M omnes   457 θυμὸν cod. em. Ruhnken,
cf. σ 167 (v. l.) Σ 313 sec. Epaphroditum.   Δ 412 τέττα σιωπῇ ἧσο,
ἐμῷ δ' ἐπιπείθεο μύθῳ   460 ita Ilgen : κρανάϊνον Α Α t Γ: κρανάϊον
cet. (αϊ in ras V¹), cf. Herod. vii. 92   ἔγωγε E L¹ T   461 ἡγεμόν'
εἴσω Tyrrell   468 θοάσσεις M   471 σέ γέ ῥx ita interpunximus :
καὶ τιμὰς· σὲ δέ φασι δ. ἐκ Δ. ὁμ. μαντείας θ' ἑκάεργε· Διὸς παρὰ θέσφατα
πάντα codd.   472 μαντείας θ' Μ Α Q Π corr. δ' V¹ : τ' cet.   πάρα
Steph. : παρά, παρα codd.   473 τῶν y V² : καὶ cet.   ἔγωγε παῖδ'
ἀφνειὸν codd.; ἐγώ σε Hermann, cf. 460 : πεδ' ἀφνειῶν Tyrrell
474 αὐτ' ἄγρετόν codd. em. ed. pr.   478 γλυκύφωνον Ε Τ   ἑταῖρον
p   479 ἐπισταμένως codd. em. Barnes   481 φιλομειδέα p
χῶρον p

ΕΙΣ ΕΡΜΗΝ

εὐφροσύνην νυκτός τε καὶ ἤματος. ὅς τις ἂν αὐτὴν
τέχνῃ καὶ σοφίῃ δεδαημένος ἐξερεείνῃ
φθεγγομένη παντοῖα νόῳ χαρίεντα διδάσκει
ῥεῖα συνηθείῃσιν ἀθυρομένη μαλακῇσιν, 485
ἐργασίην φεύγουσα δυήπαθον· ὃς δέ κεν αὐτὴν
νῆϊς ἐὼν τὸ πρῶτον ἐπιζαφελῶς ἐρεείνῃ,
μὰψ αὔτως κεν ἔπειτα μετήορά τε θρυλίζοι.
σοὶ δ' αὐτάγρετόν ἐστι δαήμεναι ὅττι μενοινᾷς.
καί τοι ἐγὼ δώσω ταύτην Διὸς ἀγλαὲ κοῦρε· 490
ἡμεῖς δ' αὖτ' ὄρεός τε καὶ ἱπποβότου πεδίοιο
βουσὶ νομοὺς Ἑκάεργε νομεύσομεν ἀγραύλοισιν.
ἔνθεν ἅλις τέξουσι βόες ταύροισι μιγεῖσαι
μίγδην θηλείας τε καὶ ἄρσενας· οὐδέ τί σε χρὴ
κερδαλέον περ ἐόντα περιζαμενῶς κεχολῶσθαι. 495
Ὣς εἰπὼν ὤρεξ', ὁ δ' ἐδέξατο Φοῖβος Ἀπόλλων,
Ἑρμῇ δ' ἐγγυάλιξεν ἔχων μάστιγα φαεινήν,
βουκολίας τ' ἐπέτελλεν· ἔδεκτο δὲ Μαιάδος υἱὸς
γηθήσας· κίθαριν δὲ λαβὼν ἐπ' ἀριστερὰ χειρὸς
Λητοῦς ἀγλαὸς υἱὸς ἄναξ ἑκάεργος Ἀπόλλων 500
πλήκτρῳ ἐπειρήτιζε κατὰ μέλος, ἡ δ' ὑπὸ νέρθεν
σμερδαλέον κονάβησε, θεὸς δ' ὑπὸ καλὸν ἄεισεν.
Ἔνθα βόες μὲν ἔπειτα ποτὶ ζάθεον λειμῶνα
ἐτραπέτην· αὐτοὶ δὲ Διὸς περικαλλέα τέκνα
ἄψορροι πρὸς Ὄλυμπον ἀγάννιφον ἐρρώσαντο 505
τερπόμενοι φόρμιγγι, χάρη δ' ἄρα μητίετα Ζεύς,

482 ὅστις ἂν καὶ M : ὅστις ἄρ' ed. pr.   483 ἐξερεείνει (ss. η)
T   484 νόα p   486 ita M : φθέγγουσα x p   487 ἰὼν M   ἐρέεινε
praeter M omnes (ἐρέεινε T)   488 θρυαλίζοι codd. em. Ruhnken,
Schneidewin   489 αὐτ' ἀγρετόν codd. corr. ed. Aldina   491 ab
ed. pr.   493 θ' ἕξουσι M   494–Ven. 152 evulsi e Π   497 ἔχειν
D'Orville : ἑκὼν Martin : fort. ἑλών   499 om. M   501 ὑπὸ νέρθεν
M : ὑπὸ καλὸν cet.   502 σμερδαλέον M : ἱμερόεν cet.   κονάβισσε
p   καλὸν M : μέλος cet. (-λλ- E L¹ T)   503 ἔνθα] καί ῥα M   βόας
M   ποτὶ] κατὰ M   504 δραπέτην M

ΥΜΝΟΙ

ἄμφω δ' ἐς φιλότητα συνήγαγε. καὶ τὰ μὲν Ἑρμῆς
Λητοΐδην ἐφίλησε διαμπερὲς ὡς ἔτι καὶ νῦν,
σήματ' ἐπεὶ κίθαριν μὲν Ἑκηβόλῳ ἐγγυάλιξεν
ἱμερτήν, δεδαὼς ὁ δ' ἐπωλένιον κιθάριζεν·   510
αὐτὸς δ' αὖθ' ἑτέρης σοφίης ἐκμάσσατο τέχνην·
συρίγγων ἐνοπὴν ποιήσατο τηλόθ' ἀκουστήν.
    καὶ τότε Λητοΐδης Ἑρμῆν πρὸς μῦθον ἔειπε·
Δείδια Μαιάδος υἱὲ διάκτορε ποικιλομῆτα
μή μοι ἀνακλέψῃς κίθαριν καὶ καμπύλα τόξα·   515
τιμὴν γὰρ πὰρ Ζηνὸς ἔχεις ἐπαμοίβιμα ἔργα
θήσειν ἀνθρώποισι κατὰ χθόνα πουλυβότειραν.
ἀλλ' εἴ μοι τλαίης γε θεῶν μέγαν ὅρκον ὀμόσσαι,
ἢ κεφαλῇ νεύσας ἢ ἐπὶ Στυγὸς ὄβριμον ὕδωρ,
πάντ' ἂν ἐμῷ θυμῷ κεχαρισμένα καὶ φίλα ἔρδοις.   520
    Καὶ τότε Μαιάδος υἱὸς ὑποσχόμενος κατένευσε
μή ποτ' ἀποκλέψειν ὅσ' Ἑκηβόλος ἐκτεάτισται,
μηδέ ποτ' ἐμπελάσειν πυκινῷ δόμῳ· αὐτὰρ Ἀπόλλων
Λητοΐδης κατένευσεν ἐπ' ἀρθμῷ καὶ φιλότητι
μή τινα φίλτερον ἄλλον ἐν ἀθανάτοισιν ἔσεσθαι,   525
μήτε θεὸν μήτ' ἄνδρα Διὸς γόνον· ἐκ δὲ τέλειον

σύμβολον ἀθανάτων ποιήσομαι ἠδ' ἅμα πάντων
πιστὸν ἐμῷ θυμῷ καὶ τίμιον· αὐτὰρ ἔπειτα
ὄλβου καὶ πλούτου δώσω περικαλλέα ῥάβδον
χρυσείην τριπέτηλον, ἀκήριον ἥ σε φυλάξει   530
πάντας ἐπικραίνουσα θεμοὺς ἐπέων τε καὶ ἔργων
τῶν ἀγαθῶν ὅσα φημὶ δαήμεναι ἐκ Διὸς ὀμφῆς.

507 καὶ τὰ μὲν M : καὶ τὸ μὲν cet. Interpunxit Tucker   509 σήματ'
M : σήματ' cet.   510 om. M : interpunxit Ludwich   ὑπωλένιον
codd. corr. Ilgen, cf. 433   515 ἅμα κλέψῃς M, cf. γ 276   κιθάρην
praeter E M omnes   516 ἐπ' ἀμοίβημα M corr, Ludwich : ἐπαμοίβια
cet.   518 μέγαν] κατὰ m in rasura: fuerat uv. κ' (ss. τ) μιγ' (ss. αν)
522 μήτ' pro μή ποτ' M   ἐκτετάτισται E T, M ss.   524 ἀριθμῷ M
cf. Ap. Rhod. ii. 755   526 lacunam statuimus   530 ἀκήραον p
L¹ (-αον ss. ῑ)   531 θεοὺς codd. : θεμοὺς Ludwich ι οἴμους Hermann ι
(πᾶν τοι) τέλος Bothe : ἄθλους Sikes

ΕΙΣ ΕΡΜΗΝ

μαντείην δὲ φέριστε διοτρεφὲς ἣν ἐρεείνεις
οὔτε σε θέσφατόν ἐστι δαήμεναι οὔτε τιν' ἄλλον
ἀθανάτων· τὸ γὰρ οἶδε Διὸς νόος· αὐτὰρ ἐγώ γε 535
πιστωθεὶς κατένευσα καὶ ὤμοσα καρτερὸν ὅρκον
μή τινα νόσφιν ἐμεῖο θεῶν αἰειγενετάων
ἄλλον γ' εἴσεσθαι Ζηνὸς πυκινόφρονα βουλήν.
καὶ σὺ κασίγνητε χρυσόρραπι μή με κέλευε
θέσφατα πιφαύσκειν ὅσα μήδεται εὐρύοπα Ζεύς. 540
ἀνθρώπων δ' ἄλλον δηλήσομαι, ἄλλον ὀνήσω,
πολλὰ περιτροπέων ἀμεγάρτων φῦλ' ἀνθρώπων.
καὶ μὲν ἐμῆς ὀμφῆς ἀπονήσεται ὅς τις ἂν ἔλθῃ
φωνῇ τ' ἠδὲ ποτῇσι τεληέντων οἰωνῶν·
οὗτος ἐμῆς ὀμφῆς ἀπονήσεται οὐδ' ἀπατήσω. 545
ὃς δέ κε μαψιλόγοισι πιθήσας οἰωνοῖσι
μαντείην ἐθέλῃσι παρὲκ νόον ἐξερεείνειν
ἡμετέρην, νοέειν δὲ θεῶν πλέον αἰὲν ἐόντων,
φήμ' ἀλίην ὁδὸν εἶσιν, ἐγὼ δέ κε δῶρα δεχοίμην.
ἄλλο δέ τοι ἐρέω Μαίης ἐρικυδέος υἱὲ 550
καὶ Διὸς αἰγιόχοιο, θεῶν ἐριούνιε δαῖμον·
σεμναὶ γάρ τινες εἰσὶ κασίγνηται γεγαυῖαι
παρθένοι ὠκείῃσιν ἀγαλλόμεναι πτερύγεσσι
τρεῖς· κατὰ δὲ κρατὸς πεπαλαγμέναι ἄλφιτα λευκὰ
οἰκία ναιετάουσιν ὑπὸ πτυχὶ Παρνησοῖο 555
μαντείης ἀπάνευθε διδάσκαλοι ἣν ἐπὶ βουσὶ
παῖς ἔτ' ἐὼν μελέτησα· πατὴρ δ' ἐμὸς οὐκ ἀλέγιζεν.
ἐντεῦθεν δὴ ἔπειτα ποτώμεναι ἄλλοτε ἄλλῃ
κηρία βόσκονται καί τε κραίνουσιν ἕκαστα.
αἱ δ' ὅτε μὲν θυίωσιν ἐδηδυῖαι μέλι χλωρὸν 560

533 διαμπερὲς pro διοτρεφὲς M   534 ἄλλων M   535 om. E T
538 θυμὸν T ante corr.   539 χρυσάραπι At D   540 πιφάσκειν p
βούλεται At D   542 περιτραπῶν M   543 καὶ μὴν At; καὶ
μὴ M   544 φωνή τ' ἠδὲ πότησι M; φωνῇ καὶ πτερύγεσσι cet.
547 ἐθελήσει x M At D   550 υἱὸς M   552 σεμναὶ M; μοῖραι cet. ι
Θριαὶ Hermann   556 διδασκαλίαν ἐπὶ M   557 ita Hermann cl.
361, Quintus ii. 428 ι ἀλέγυνεν x M D At : ἀλέγεινεν p   558 ἄλλοτ'
ἐπ' ἄλλη libri corr. Schneidewin   560 θυίωσιν M ι θυίσωσιν x D ι
θύσωσι p   ἐδωδυῖαι p

561 ἐθέλωσι x   563 ita y (δενέουσαι) V² (δὲ νέουσαι), corr. Bau-
meister ι πειρῶνται δ' ἔπειτα παρὲξ ὁδὸν ἡγεμονεύειν cet.   565 ἣν
At E   ἀνδρ' ἀδαῆ in extremo versu M   568 lacunam stat. Wolf
568 post 571 transp. E   570 χθονὸν L¹   572 δ' om. At D   576 ἀθανά-
τοισι νομίζων M

ΥΜΝΟΙ

προφρονέως ἐθέλουσιν ἀληθείην ἀγορεύειν·
ἢν δ' ἀπονοσφισθῶσι θεῶν ἡδεῖαν ἐδωδὴν
ψεύδονται δὴ ἔπειτα δι' ἀλλήλων δονέουσαι.
τάς τοι ἔπειτα δίδωμι, σὺ δ' ἀτρεκέως ἐρεείνων
σὴν αὐτοῦ φρένα τέρπε, καὶ εἰ βροτὸν ἄνδρα δαείης 565
πολλάκι σῆς ὀμφῆς ἐπακούσεται αἴ κε τύχῃσι.
ταῦτ' ἔχε Μαιάδος υἱὲ καὶ ἀγραύλους ἕλικας βοῦς,
ἵππους τ' ἀμφιπόλευε καὶ ἡμιόνους ταλαεργοὺς

καὶ χαροποῖσι λέουσι καὶ ἀργιόδουσι σύεσσι
καὶ κυσὶ καὶ μήλοισιν, ὅσα τρέφει εὐρεῖα χθών, 570
πᾶσι δ' ἐπὶ προβάτοισιν ἀνάσσειν κύδιμον Ἑρμῆν,
οἶον δ' εἰς Ἀίδην τετελεσμένον ἄγγελον εἶναι,
ὅς τ' ἄδοτός περ ἐὼν δώσει γέρας οὐκ ἐλάχιστον.
Οὕτω Μαιάδος υἱὸν ἄναξ ἐφίλησεν Ἀπόλλων
παντοίῃ φιλότητι, χάριν δ' ἐπέθηκε Κρονίων. 575
πᾶσι δ' ὅ γε θνητοῖσι καὶ ἀθανάτοισιν ὁμιλεῖ·
παῦρα μὲν οὖν ὀνίνησι, τὸ δ' ἄκριτον ἠπεροπεύει
νύκτα δι' ὀρφναίην φῦλα θνητῶν ἀνθρώπων.
Καὶ σὺ μὲν οὕτω χαῖρε Διὸς καὶ Μαιάδος υἱέ·
αὐτὰρ ἐγὼ καὶ σεῖο καὶ ἄλλης μνήσομ' ἀοιδῆς. 580

Commentary

The text used is that of T. W. Allen (Oxford, 1912, corrected in 1946).

Abbreviations:
AHS   T.W. Allen, W.R. Halliday, and E.E. Sikes, *The Homeric Hymns* (Oxford, 1936)
AS   T.W. Allen and E.E. Sikes, *The Homeric Hymns* (London, 1904)
Ca   F. Càssola, *Inni Omerici* (Fondazione Lorenzo Valla, 1975)
GP   J.D. Denniston, *Greek Particles* (Oxford, 1954²)
S   H.W. Smyth, *Greek Grammar*, revised by G. Messing (Cambridge, Massachusetts, 1956)
Sh   S. Shelmerdine, *The Homeric Hymn to Hermes: A Commentary (1–114) with Introduction* (Dissertation, University of Michigan, 1981)
<   "is from."

1 ὕμνει: present imperative of ὑμνέω, "sing," "praise."
   Μοῦσα: vocative.
   Διός: genitive of Ζεύς.
   Μαιάδος: Maia is one of the Pleiades and a daughter of Atlas.

2 Κυλλήνης: Mt. Kyllene in Arcadia.
   μεδέοντα: accusative singular of μεδέων, "guardian."
   καί: scanned ˘, by epic correption.
   πολυμήλου: "rich in flocks."

3 ἐριούνιον: an obscure but common epithet for Hermes. It is usually said to be cognate with ὀνίνημι, ("help," "benefit"), i.e., "helper" or "luck-bringer." Ca suggests that it is related to οὔνη/οὖνον, "run"/"race" in Arcado-Cypriote, and so means "swift."
   τέκε: second aorist of τίκτω, "bring forth," "bear." The augment is often omitted in epic.

4 νύμφη ἐϋπλόκαμος: η is short by epic correption. The diacritical mark ¨ shows that ε and υ are pronounced separately. Scan – ˘ ˘ – ˘ ˘ –. ἐϋπλόκαμος = "fair haired."

1

μιγεῖσα: aorist passive participle of μίγνυμι ("mix," "mingle"), frequently used (with or without ἐν φιλότητι, "in love," "in affection") as a euphemism for sexual intercourse.

5 ἠλεύαθ᾽=ἠλεύατο, aorist of ἀλεύομαι (epic for ἀλέομαι), "avoid," "flee." ο is elided before the following vowel, and the resulting τ᾽ is aspirated before the succeeding aspirate (assimilation).

6 ἔσω: old form of εἴσω, "within." Used adverbially.
ναίουσα: "inhabiting," + accusative.
παλίσκιον: "thick-shaded."
ἔνθα: relative, "where."
Κρονίων: "son of Kronos," i.e., Zeus.

7 μισγέσκετο: iterative imperfect middle of μίσγω (=μίγνυμι). "He used to mingle (in love)" (S 495).
νυκτὸς ἀμολγῷ: an obscure phrase, perhaps "in the dark of night."

8 ὄφρα: "while." Only here with the optative.
κατὰ ... ἔχοι=κατέχοι. In epic, prepositions and adverbs are still in the process of being joined to verbs to form compounds. They are often attached to their verbs, but often not, as here (S 1650; P. Chantraine, *Grammaire Homérique* II [Paris 1953] 82–83).

9 λήθων: present participle of λήθω, "escape the notice of," + accusative.

10 μεγάλοιο: -οιο is the original genitive singular ending for the second declension (οιο→οο→ου) (S 230D).
ἐξετελεῖτο: imperfect passive of ἐκτελέω, "accomplish thoroughly."

11 τῇ: "for this one, for her" (i.e., Maia). The article was originally a demonstrative pronoun and is usually so used in epic.
μείς: Ionic and Aeolic nominative for μήν, "month," here, ="moon." The gestation period is about 280 days (10 lunar months).
ἐστήρικτο: pluperfect passive of στηρίζω, "make fast," "fix."

12 φόως: epic for φῶς, "light."
ἄγαγεν: unaugmented second aorist of ἄγω. The subject is not unambiguous. If it is Maia (AS), there is an awkward

repetition in 13. AHS and Ca prefer Zeus. Sh suggests that it is δέκατος μείς: "the last month of pregnancy brought forth the birth."
ἀρίσημα: "notable."
τέτυκτο: unaugmented pluperfect passive of τεύχω, "prepare."

13 ἐγείνατο: aorist of γείνομαι, "bring forth."
πολύτροπον: both "much-travelled" and "versatile," "wily"; usually applied to Odysseus, but equally appropriate for Hermes.
αἱμυλομήτην: "of crafty counsel."

14 ληϊστῆρ'=ληϊστῆρα, "robber."

15 νυκτὸς ὀπωπητῆρα: either "scout," "spy at night" or "watcher at night," i.e., "guardian" (SH).
πυληδόκον: "watching at the door."
ἔμελλεν: "would," + infinitive.

16 ἀμφανέειν: uncontracted future infinitive of ἀμφαίνω (poetic for ἀναφαίνω), "display," "reveal."
ἀθανάτοισι θεοῖσι: epic dative plural.

17 ἠῷος=ἠοῖος, "at dawn."
γεγονώς: perfect participle of γίγνομαι.
μέσῳ: ῳ is scanned short, by epic correption.
ἐγκιθάριζεν: "played the harp." Elsewhere the verb means "play the harp *among*."

18 βοῦς: accusative plural. Contrast βόας in 22.

19 τετράδι τῇ προτέρῃ: "the earlier fourth (day)," a lucky day (Hesiod, *Works and Days* 770). This system, instead of numbering the days 1–30, divides the month into halves.
τῇ: relative, "in which" (S 1105).
μιν: epic third person singular accusative personal pronoun, here masculine, "him."

20 καὶ ἐπεὶ δή: "even from the very time when."
θόρε: aorist of θρώσκω, "leap."

21 δηρόν: "for a long (time)," adverbial accusative.
ἔκειτο: imperfect of κεῖμαι, "lie."
ἐνί=ἐν.
λίκνῳ: <λίκνον, "winnowing basket," used as a cradle for Dionysus as well as Hermes.

22 ἀλλ' ὅ γ(ε): "but he, indeed." ὅ is demonstrative; see on 11.
ἀναΐξας: aorist participle of ἀναΐσσω, "leap up," "rise quickly."
ζήτει: unaugmented imperfect.

23 οὐδόν: <οὐδός, "threshold."
ὑψηρεφέος: uncontracted genitive singular of ὑψηρεφής, "high-vaulted."
ἄντροιο: For ending, see on 10.

24 χέλυν: <χέλυς, "tortoise."
ἐκτήσατο: aorist of κτάομαι, "get," "acquire."

25 τοι: an affirmative particle, "truly," "surely," "indeed"; originally the dative of feeling of σύ.
τεκτήνατ': unaugmented aorist of τεκταίνομαι, "fashion," "make."
ἀοιδόν: <ἀοιδός, predicative; translate: "he made the tortoise a singer."

26 ἥ: the tortoise.
ῥά: epic for ἄρα (after monosyllables). Explains the previous statement. Translate "for."
οἱ: epic third person singular dative personal pronoun.
ἐπ' αὐλείῃσι θύρῃσι: "at the door of the court" (αὐλή), "at the outer door." "Maia's cave is fitted up like an Homeric house" (AHS).

27 ἐριθηλέα: uncontracted accusative singular of ἐριθηλής, "luxuriant."

28 σαῦλα: "prancing," "stepping lightly"; neuter plural accusative used as internal or adverbial accusative. Tortoises do not prance, but Sh suggests that the incongruity is intentional.

29 ἀθρήσας: aorist participle of ἀθρέω, "gaze at," "perceive."
ἔειπε: epic for εἶπε.

30 σύμβολον: "token," "omen." "Hermes, God of luck, found the first ἔρμαιον" (AHS).
ὀνήσιμον: "useful," "profitable."
ὀνοτάζω: "blame."

31 φυήν: accusative of respect.
χοροιτύπε: either active, "that beatest the dance" (AHS), or passive, "sounded during the dance" (Ca). Hermes is looking ahead to the use of the tortoise shell as a lyre.

32 ἀσπασίη: "welcome."
    προφανεῖσα: "appearing," second aorist passive participle of προφαίνω.
    ἄθυρμα: "toy," "plaything," accusative in apposition with ὄστρακον in 33.

33 αἰόλον: "quick-moving" or "changing in hue." Shelley translates "speckled."
    ὄστρακον ἕσσο: "you clothed yourself in tortoise shell." ἕσσο is Matthiae's conjecture for ἐσσί of the manuscripts; second person singular pluperfect middle of ἕννυμι, "clothe," + accusative.

34 ἔσσῃ: epic second person singular future of εἰμί. Contrast ἔσσεαι in 37.

35 ἀποτιμήσω: <ἀποτιμάω, "dishonor."
    ὀνήσεις: future of ὀνίνημι, "help," "be useful to."

36 οἴκοι: locative, "at home."
    βέλτερον: poetic comparative of ἀγαθός.
    τὸ θύρηφιν: "the outdoors," "the outside." θύρηφιν is epic dative plural of θύρα and is used as an adverb.
    Hermes' remark seems to be a proverb. AHS and Ca point to the same truism in Hesiod, *Works and Days* 365.

37 ἐπηλυσίης: <ἐπηλυσίη, "bewitching," "magic."
    ἔσσεαι: epic second person singular future of εἰμί (*ἔσσεσαι→ἔσσεαι→ἔσσῃ).
    ἔχμα: Ruhnken's conjecture; "defence against," + genitive.

38 ἤν=ἐάν.
    κεν=ἄν.
    καλόν: adverbial accusative, "beautifully."

39 ἄμ'=ἅμα, "at once."

40 ἄψ: "back again."
    κίε: unaugmented imperfect of κίω, "go."

41 ἀναπηλήσας: perhaps "tossing up" <ἀναπηλέω=ἀναπάλλω (AHS).
    γλυφάνῳ: "chisel," "knife for carving."

42 αἰῶν'=αἰῶνα, here, "vital force" or "marrow."
    ἐξετόρησεν: <ἐκτορέω, "kill by piercing," "scoop out" (AHS).
    ὀρεσκῴοιο: "mountain-bred."

43 περήσῃ: aorist subjunctive of περάω, "pass," "cross." Either the indicative or the subjunctive may be used with ὡς ὁπότε, "as when" (S 2486).

44 ἀνέρος: poetic for ἀνδρός.
ὅν τε: Since in epic the relative + τε tends to denote habitual or typical action, it is found commonly in similes (GP 521).
θαμιναί: "frequent."
ἐπιστρωφῶσι: "visit," "frequent." Present indicative.

45 ἀμαρυγαί: "glances."

47 πῆξε: aorist of πήγνυμι, "fix," "stick in."
ἐν μέτροισι: "in lengths."
ταμών: aorist participle of τέμνω, "cut."
δόνακας καλάμοιο: "stalks of reed." The function of the reeds in the construction of the lyre is not clear.

48 πειρήνας διά=διαπειρήνας, aorist participle of διαπειραίνω, "pierce through," "pierce." See on 8.
νῶτα: "back"; plural for singular, as often with parts of the body (S 1005). It is the object of πειρήνας διά.

49 ἀμφὶ ... τάνυσσε: epic aorist of ἀμφιτανύω, "stretch all around."
πραπίδεσσιν: epic dative of πραπίδες, "wits."
ἑῇσι: <ἑός; "his."

50 πήχεις: accusative plural of πῆχυς, "horns (of a lyre)."
ἐπὶ ... ἤραρεν: aorist of ἐπαραρίσκω, "fit to," "fasten to."
ζυγόν: "bridge."

51 ὀΐων: <ὄϊς, "sheep."
χορδάς: "strings made of gut."

53 πλήκτρῳ: "plectrum," "pick" (for striking the lyre).
ἐπειρήτιζε: <πειρητίζω, "try."
κατὰ μέλος: "by section(s)," "in part(s)." AS and Ca read κατὰ μέρος ("in turn"). Hermes tests the lyre strings one after the other.

54 σμερδαλέον: adverbial accusative, "terribly," "penetratingly."
ὑπὸ ... ἄειδεν: "sang in accompaniment."
καλόν: See on 38.

55 ἐξ αὐτοσχεδίης: "extemporaneously," "ad lib."

56 ἡβηταί: <ἡβητής, "reveller" (AHS, addenda, p. 448).
παραιβόλα: probably =παράβολα, "bold," "impudent," neuter plural accusative. Internal accusative with κερτομέουσιν, "sneer," "jeer." Translate: "Utter impudent taunts." The poet is referring to the exchange of jests and insults by guests at *symposia*.

57 ἀμφί: "about."
καλλιπέδιλον: "with beautiful sandals."

58 †ὅν πάρος ὡρίζεσκον†: The phrase is perhaps corrupt, as the daggers indicate, but it but can be construed. ὡρίζεσκον is contracted iterative imperfect of ὀαρίζω, "converse," "chat." According to AHS the contraction is not found elsewhere in epic. ὅν can be construed only as an internal object of ὡρίζεσκον introducing an indirect question after ἄειδεν (54), "he sang ... about Zeus ... and Maia ..., what conversation they used to have ... " Ca reads ὡς for ὅν, "how they used to converse ... "

59 ἥν τ' αὐτοῦ: poetic reflexive possessive, third person singular, "his own" (S 1201c).
ὀνομακλυτόν: "famous"; feminine. Here, proleptic (his singing makes it famous).

60 γέραιρε: epic imperfect of γεραίρω, "honor," "celebrate."

61 ἐπηετανούς: "abundant," "full."

62 μενοίνα: epic third person singular imperfect of μενοινάω, "desire eagerly."

64 γλαφυρήν: "hollow."
κρειῶν: epic genitive plural of κρέας, "meat." Genitive with ἐρατίζων, "longing for."

65 ἆλτο: epic third person singular aorist of ἅλλομαι, "spring up," "leap."
κατὰ σκοπιήν: "on the look out" (Sh).
εὐώδεος: uncontracted genitive singular of εὐωδής, "fragrant."

66 ὁρμαίνων: "pondering."
οἷά τε: "such as."

66–67 φῶτες/φηληταί: "men thieves," i.e., "thieves." The two nouns are in attributive apposition (S 986).

68 ἔδυνε: < δύνω, "enter," "sink into."
ὠκεανὸν δέ=ὠκεανόνδε, "towards the ocean." Oceanus circles the world; when the sun sets, it goes to the end of the world.

69 αὐτοῖσίν θ' ἵπποισι καὶ ἅρμασιν: "with (his) horses and chariot." Dative of accompaniment with αὐτός (S 1525). ἅρμασιν is plural for singular, as often.

70 Πιερίης: in Thessaly (home of the Muses in Hesiod, *Theogony* 53). Hermes drives the cattle from Pieria to Onchestos (88) to the river Alpheus (101).
ἀφίκανε: imperfect of ἀφικάνω, "arrive at."
θέων: present participle of θέω, "run."

71 θεῶν μακάρων βόες: In 18 the cattle are Apollo's. See also 102.
αὖλιν: any place for spending the night, whether a tent (for men) or a roost (for chickens). Translate: "night pasture."

72 ἀκηρασίους: "unmown."

73 εὔσκοπος: "sharp-sighted."
Ἀργειφόντης: an epithet for Hermes, which probably means "slayer of Argus." Hermes killed the hundred-eyed Argus, whom Hera had sent to guard her rival Io.

74 ἀγέλης: <ἀγέλη, "herd."
ἐριμύκους: "loud-bellowing."

75 πλανοδίας: "wandering"; feminine, accusative plural. Hermes is driving off cows and heifers.
ψαμαθώδεα: "sandy."

76 ἴχνι(α) ἀποστρέψας: "turning the tracks backwards." Hermes drives the cattle backwards.
λήθετο: <λανθάνομαι, "forget," + genitive.

77 ἀντία ποιήσας: "reversing."
ὁπλάς: <ὁπλή, "hoof."

78 ἔμπαλιν: "the opposite way." The cattle are walking backwards, but Hermes walks straight ahead.

79 σάνδαλα: "sandals."
ῥιψίν: Postgate's emendation. Dative plural of ῥίψ, "wicker work." Dative of means. In order to walk easily on the sand, or perhaps to disguise his footprints, Hermes invents a kind of snowshoe, which he makes by plaiting leafy branches.

80 ἄφραστ' ἠδ' ἀνόητα: "unheard of and unimagined."
81 μυρίκας: "tamarisks."
   μυρσινοειδέας: "myrtle-like." Myrtle is sacred to Hermes.
82 συνδήσας νεοθηλέαν ἀγκάλῳ ὥρην: "fastening together the new-budding greenery (ὥρην) with his arm." Allen's reading is based on one manuscript, M, which preserves a distinct and idiosyncratic text of the *Hymns*. The other manuscripts read νεοθηλέος ἀγκαλὸν ὕλης, accepted by AS and Ca: "an armful of new-budding wood."
83 ἀβλαβέως: "securely," "firmly."
84 αὐτοῖσι πετάλοισι: "leaves and all." See on 69.
   τά: relative. See on 19.
85 ἔσπασε: aorist of σπάω, "take away."
   ὁδοιπορίην ἀλεείνων: either "'avoiding wayfaring,' i.e., the fatigue of walking on sand" (AHS) or "concealing wayfaring," "hiding his tracks" (Ca). The meaning "hide" for ἀλεείνω, though not found elsewhere, seems to occur also in the manuscripts at 239.
86 οἷα: neuter plural of οἷος, used as an adverb and intensified by τ(ε), "like," "as though."
   αὐτοτροπήσας: "with one's own τρόπος or character," i.e., "unique" (AHS).
87 δέμων: "building," i.e., "establishing."
88 ἱέμενον: "hurrying"; epic present middle participle of ἵημι.
   πεδίον δέ=πεδίονδε, "to the plain."
   'Ογχηστόν: Onchestos, the site of a grove sacred to Poseidon between Thebes and Orchomenos.
   λεχεποίην: "grassy."
90 σκάπτεις: < σκάπτω, "dig about," "hoe."
   ἐπικαμπύλος ὤμους: "bent (in respect to your) shoulders," "stooped."
91– Hermes promises the old man a fine harvest if he will deny
92 having seen him. There is a one-line lacuna between 91 and 92, the sense of which should be "if you remember." See Evelyn-White's supplement in the *apparatus criticus*.
91 πολυοινήσεις: "you will be rich in wine" (Ilgen's conjecture).
   φέρῃσι: epic third person singular present subjunctive of φέρω, "bear" (grapes).

92 μή: scanned short, by epic correption.
εἶναι: governed by the lost verb, perhaps "remember."
κωφός: "deaf."

93 τι: adverbial accusative, "at all."
καταβλάπτῃ: Present subjunctive of καταβλάπτω, "harm." Either third person singular active in an intransitive sense, "suffer harm" (AHS) or second person singular passive.
τὸ σὸν αὐτοῦ: "your own interest." Either nominative (AHS) or accusative of respect.

94 φάς: poetic present participle of φημί.
συνέσενε: <συσσεύω, "urge on together."

95 αὐλῶνας: <αὐλών, "glen."

96 διήλασε: aorist of διελαύνω, "drive through." Usually constructed with the genitive, but here with the accusative.

97 ὀρφναίη: "dark."

98 ἡ πλείων: with νύξ (97), "the greater part of the night." Night was nearly over.

99 νεόν: adverbial, "just now."
σκοπίην: "mountain peak." Contrast 65.
προσεβήσατο: aorist middle of προσβαίνω, "approached," "ascended to," + accusative.

100 Μεγαμηδείδαο: patronymic, "son of Megamedes." Nothing is known of Megamedes. Pallas is the son of Krios in *Theogony* 375.

101 Ἀλφειὸν ποταμόν: Alpheus, the largest river of the Peloponnese. It rises in southern Arcadia and flows past Olympia to the Ionian Sea.

102 εὐρυμετώπους: "with broad forehead."

103 ἀδμῆτες: <ἀδμής, "unbroken," "untamed," a condition to be expected of divine cattle.
αὔλιον: "hollow," "cave" (Sh).
ὑψιμέλαθρον: "high-roofed."

104 ληνούς: "troughs."
ἀριπρεπέος: <ἀριπρεπής, "very bright," "splendid."

105 ἐπεφόρβει: pluperfect of φέρβω, "feed (oxen) on," + genitive.
ἐριμύκους: See on 74.

106 καί: "also."
ἀθρόας: <ἀθρόος, "all together." The second α is short. Ca points out that a short -ας accusative plural feminine of the first declension is found in Hesiod and some dialects and regards it as an archaism.

107 ἐρεπτομένας: "feeding on," + accusative.
ἐρσήεντα κύπειρον: "dewy galingale."

108 σύν ... ἐφόρει: <συμφορέω, "bring together."
ἐπεμαίετο: <ἐπιμαίομαι, "strive to attain."

109–110 These lines contain the earliest description of making fire with a drill. The laurel shoot is the drill. There is a lacuna between 109 and 110, which perhaps contained a verb describing the friction of the drill and its object, which is modified by ἄρμενον in 110.

109 ἐπέλεψε: <ἐπιλέπω, "strip off bark," "peel."

110 ἄρμενον: "close-packed"; aorist passive participle of ἀραρίσκω, "join together."
ἄμπνυτο: "flared up" (Sh). Epic second aorist middle of ἀναπνέω ("breathe forth").

111 τοι: See on 25.
πυρήϊα: "fire-sticks."

112 κάγκανα κᾶλα: "dry logs."
κατουδαίῳ ἐνὶ βόθρῳ: "in a pit under the earth."

113 οὖλα: with κᾶλα in 112. Perhaps "bushy," i.e., with leaves and twigs (AHS), or "closely packed" or "tough."
ἐπηετανά: See on 61.

114 τηλόσε: "afar," "to a distance."
φύζαν=φῦσαν, "stream," "blast" (of fire).
μέγα: adverbial accusative.

115–126 Hermes drags two cows to the door of the stable, kills them, roasts the meat on skewers over his fire, and stretches the hides over a rock.

116 τόφρα δ': δέ resumes the δέ of 115 ("apodotic") and gives greater emphasis to the main clause (S 2837a).
ὑποβρύχιας: "bellowing." Since ὑποβρύχιος ("under water") is meaningless here, AHS suggest a connection with the verbs ὑποβρύχω/ὑποβρυχάομαι, "roar."

ἕλικας: <ἕλιξ; either "with twisted horns" or "rolling as they walk."
117 οἱ: "to him." See on 26.
ἔπλετο: imperfect of πέλομαι, "come," "be in motion."
118 φυσιώσας: aorist participle of φυσιάω, "pant." For οω instead of αω (assimilation), see S 642-646.
ἐκύλινδε: imperfect of κυλίνδω, "roll," "turn over."
αἰῶνας: See on 42. Here, refers to the cervical vertebrae (Ca).
τετορήσας: "piercing." Either a reduplicated aorist participle of τορέω, "pierce," or a simple aorist participle of *τετορέω, "pierce."
120 ὅπαζε: unaugmented imperfect of ὀπάζω, "send as a companion," "add."
κρέα: See on 64.
δημῷ: <δημός, "fat," dative after πίονα, "rich."
121 ὦπτα: <ὀπτάω, "roast," "broil."
πεπαρμένα: perfect passive participle of πείρω, "pierce." Supply κρέα (120).
122 σάρκας: <σάρξ, "flesh."
γεράσμια: "honoring." The back is the best portion, or at least the one most acceptable to the gods.
123 ἐργμένον: perfect passive participle of ἔργω, "contain," "enclose."
χολάδεσσι: <χολάς, "intestine," "gut."
αὐτοῦ: adverbial, "in the very place," "there."
124 καταστυφέλῳ: "jagged."
125 τὰ μέτασσα πολυχρόνιοι πεφύασι: "They (sc. ῥινοί) are long-lasting thereafter." τὰ μέτασσα is adverbial. πεφύασι is epic third person plural perfect of φύομαι. The perfect here, as often, means "be by nature."
126 ἄκριτον: adverbial; "endlessly."
127 χαρμόφρων: "heart-delighting" or "of joyous heart."
εἰρύσατο: epic aorist of ἐρύομαι, "draw," "drag."
πίονα ἔργα: the meat. In Homer the phrase means "fields."
128 πλαταμῶνι: <πλαταμών, "flat stone," "slab."
δώδεκα μοίρας: twelve portions, for the twelve Olympian gods.

129 κληροπαλεῖς: "distributed by shaking the lots."
ἑκάστῃ: sc. μοίρα.

130 ἠράσσατο: epic aorist of ἔραμαι, "love," "long for," "lust after," + genitive.
ὁσίης κρεάων: either "the rite of meat" or "the meat of the sacrifice."

131 περ: concessive with the participle, "although."

132- Hermes restrains himself from eating.
133

132 οἱ: See on 26. Dative of reference.
ἐπείθετο: < πείθομαι, "obey," "be persuaded."

133 καί τε: "even," "though" (GP 529).
περῆν': The form is doubtful and perhaps corrupt, but the sense is clear: "to place," "to put," "to push" (down his throat or gullet). AHS derive it from περαίνω or πειραίνω. Ca prints περᾶν (< περάω) "to transport."

135 δημόν: See on 120.
μετήορα: "hanging in the air."

136 φωρῆς: "theft."
κάγκαν': See on 112.

137 οὐλόποδ' οὐλοκάρηνα: "whole feet and whole heads"; only here. οὐλο- = ὁλο-, "whole."

138 κατὰ χρέος: "as was fitting," "according to need."
ἤνυσε: < ἀνύω, "complete."

139 προέηκεν: uncontracted aorist of προίημι, "throw away."

140 ἀνθρακιήν: "embers."
ἐμάρανε: aorist of μαραίνω, "quench."
ἀμάθυνε: "levelled," "smoothed."

142 κάρηνα: here, "peaks."

143 ὄρθριος: "at dawn," adjective.
δολιχῆς ὁδοῦ: genitive of time or place, "during his long journey."

145 λελάκοντο: reduplicated second aorist middle of λάσχω, "bark," "howl."
Διός ... Ἑρμῆς: "Hermes (son) of Zeus."

146 δοχμωθείς: aorist passive participle of δοχμόομαι, "turn sideways."
κληΐθρον: "bar for closing the door."
147 ὀπωρινῇ: "of late summer."
ἠΰτ(ε): "like," "as."
148 ἰθύσας: <ἰθύω, "make straight for," + genitive.
νηόν: "temple." Here, perhaps the "inner chamber" of the cave (AHS).
149 ἦκα: "softly."
προβιβῶν: <προβιβάω, "stride forward," "advance."
ὥς περ ἐπ' οὔδει: "as (might be expected) on a floor" (AHS).
150 ἐσσυμένως: "eagerly," "hurriedly."
151 σπάργανον: "swaddling clothes."
εἰλυμένος: perfect middle participle of εἰλύω, "wrap."
152 περ' = περί.
ἰγνύσι: <ἰγνύς, "the back of the knee and thigh."
λαῖφος: "wrappings," "swaddling clothes."
ἀθύρων: "fingering," "playing with." But the derivation and exact meaning are unknown.
153 ἐπ' ἀριστερά: "on the left."
155 τίπτε... πόθεν: "why?" "whence?" A double question without a connective.
ποικιλομῆτα: vocative of ποικιλομήτης, "full of various wiles."
τόδε: "thither" (AHS).
156 ἀναιδείην ἐπιειμένε: "clad in shamelessness." ἐπιειμένε is vocative middle participle of ἐπιέννυμι, "put on" (+ accusative).
158 Λητοΐδου: "of Leto's son," i.e., Apollo.
διέκ: "through and out of," + genitive.
περήσειν: future infinitive of περάω, "pass through."
159 φέροντα: "raiding."
μεταξύ: "meanwhile," "from time to time." The idea is that Hermes will live as a robber until Apollo catches him or that he will rob occasionally when need compels. Some editors, including Ca, print the rare μέταξε, "hereafter," "in the future."
φηλητεύσειν: See on 67.

160 ἔρρε: "begone!" "go!" Imperative of ἔρρω.

162 ἀμείβετο: epic imperfect of ἀμείβομαι, "answer."

163 †τιτύσκεαι†: uncontracted second person singular of τιτύσκομαι, "make," "prepare," with a double accusative. The double accusative construction is not found elsewhere, and the sense is difficult. AS suggest something along the lines of "dress down," "scold." Ca prints Pierson's conjecture δεδίσκεαι (from δεδίσσομαι, "frighten"), but, as AS point out, the correct form would be δεδίσσεαι.

164 αἴσυλα: "evils" or "improper threats" (AHS).

165 ταρβαλέον: "fearful," with τέκνον (163).
ὑπαιδείδοικεν: epic for ὑποδέδοικε, perfect of ὑποδείδω, "cower before," + accusative.

166 ἐπιβήσομαι: future of ἐπιβαίνω, "observe," "embark on," + genitive.

167 βουκολέων: < βουκολέω, "tend (a herd)," "serve."

168 νῶϊ: "we," epic dual nominative of ἐγώ.
ἄλιστοι: "without prayers."

169 αὐτοῦ τῇδε: "right here."
ἀνεξόμεθ': future of ἀνέχομαι, "endure," "continue."

171 πλούσιον ἀφνειὸν πολυλήϊον: virtual synonyms ("rich," "wealthy," "with many cornfields"), modifying the understood subject of ὀαρίζειν.

172 ἠερόεντι: "murky," "dark."
θαασσέμεν: epic infinitive of θάσσω, "sit."

173 κἀγώ: crasis for καὶ ἐγώ, "I, too."
ἧς περ: intensive relative, "the very one which." Genitive with ἐπιβαίνει or ἐπιβήσεται understood.

174 δώῃσι: epic aorist subjunctive third person singular of δίδωμι.

175 δύναμαι: parenthetical.
ὄρχαμος: "chief," "leader."

176 Λητοῦς: genitive of Λητώ.

177 ἄλλο τι ... καὶ μεῖζον: "something else even greater."

178 Πυθῶνα: <Πυθών, Pytho, the part of Phocis in which was Apollo's shrine of Delphi.

ἀντιτορήσων: <ἀντιτορέω, "break open." Future participle in a purpose construction.

179 ἅλις: "in abundance."

181 ἐσθῆτα: <ἐσθής, "clothing," "raiment."
ὄψεαι: uncontracted second person singular, future of ὁράω (ὄψεσαι→ὄψεαι→ὄψει) (S 465).
αἴ κ(ε) = εἰ ἄν.
ἐθέλῃσθα: epic second person singular subjunctive of ἐθέλω.

182 ἐπέεσσι: epic dative plural of ἔπος, "word."

184 ἠριγένεια: "early born," "child of morn."

185 ὦρνυτ': imperfect of ὄρνυμαι, "rise."

186 Ὀγχηστόν: See on 88.

187 ἐρισφαράγου Γαιηόχου: "loud roaring earth holder" (Poseidon).

188 κνώδαλον: "beast," "brute"; object of νέμοντα. "It is in keeping with the racy style of this hymn to apply it to the old man's donkey . . ." (AHS).
ἕρκος: "bulwark," "stay"; describing the donkey.

190 βατοδρόπε: "berry-plucking."

192 κεράεσσιν ἑλικτάς: "twisted with horns" (<κέρας), i.e., "with twisted horns."

194 χαροποί: "bright-eyed."

195 ἔλειφθεν: epic third person plural aorist passive of λείπω, "leave behind."

196 ὅ δή: "which, certainly." The antecedent is the previous clause.
περὶ θαῦμα: "marvelously."
τέτυκται: <τεύχω, "make"; in passive, "happen."

197 ταί: epic for αἱ, demonstrative; "they," "these" (cattle).
ἔβαν: epic third person plural, second aorist of βαίνω.
ἠελίοιο νέον καταδυομένοιο: genitive absolute.

198 νομοῖο: <νομός, "pasture."

199 παλαιγενές: "born long ago," "ancient."
ὄπωπας: perfect of ὁράω.

200 ἀνέρα=ἄνδρα. See on 44.
διαπρήσσοντα: <διαπρήσσω, "pass through," "accomplish." With κέλευθον, translate "making his way."

202 φίλος: nominative for vocative in an exclamation (S 1288).

202– ἀργαλέον ... λέγειν: "(It is) hard to say."
203 ὅσ' ... ἴδοιτο/πάντα: "everything that (a man) sees." ἴδοιτο is middle optative in a conditional relative clause, the optative being used for the subjunctive + ἄν in general statements (S 2573). In poetry, the middle of ὁράω is used in the same sense as the active.

203 ὁδῖται: <ὁδίτης, "traveller," "wayfarer."

204 μεμαότες: perfect participle of *μάω, "be eager for," "desire."

205 δαήμεναι: epic aorist infinitive of *δάω, "learn."

207 ἔσκαπτον: See on 90.
γουνόν: "hill," "slope."
οἰνοπέδοιο: "wine-producing."

208 φέριστε: vocative, "sir."
σαφές ... οἶδα: parenthetical.
νοῆσαι: aorist infinitive of νοέω, "notice."

209 ὅς τις ὁ παῖς: "the boy whoever (he was) who."
ἐϋκραίρῃσιν: "with fine horns."

210 ῥάβδον: "switch," "staff," appropriate for a cowherd, but also an important attribute of Hermes.
ἐπιστροφάδην: "from side to side" (as he followed the oxen).

211 ἐξοπίσω: "backwards."
ἀνέεργε: epic imperfect of ἀνείργω, "keep back," "restrain." Translate: "drove."
κάρη: neuter plural accusative of κάρη (epic for κάρα), "head."

212 φῆ: epic imperfect of φημί.
ὁ δέ: Apollo. In epic, the nominative of the demonstrative + δέ (like *ille* in Latin) is often used to indicate a change of subject (S 1101).
θᾶττον: "more swiftly," comparative of ταχέως.

213 τανυσίπτερον: "long-winged," "with extended wing."

214 γεγαῶτα: epic perfect participle of γίγνομαι.
215 ἐσσυμένως: See on 150.
ἤϊξεν: epic aorist of ἀΐσσω, "dart," "move hastily." See on 22.
216 Πύλον: Pylos in Triphylia, south of the Alpheus. Not mentioned by the old man or in the account of Hermes' journey (68-102).
εἰλίποδας: accusative plural of εἰλίπους, "rolling in their walk."
217 κεκαλυμμένος: perfect passive participle of καλύπτω, "hide."
εὐρέας ὤμους: accusative of respect.
219 ὁρῶμαι: For voice, see on 202-203.
220 ὀρθοκραιράων: "with straight horns."
221 τέτραπται: perfect middle of τρέπω, "turn." Singular with the neuter plural subject ἴχνια (220).
ἀσφοδελόν: "of asphodel."
224 κενταύρου λασιαύχενος: partitive genitive with τι.
225 τοῖα πέλωρα: "such huge (strides)." Internal accusative with βιβᾷ ("strides").
226 αἰνά: <αἰνός, "dreadful." The antecedent is βήματα (222).
ἔνθεν ὁδοῖο ... ἔνθεν ὁδοῖο: "on this side of the road ... on that side of the road." "Hermes wearing the skis floundered ... from one side of the road to the other ..." (AHS).
228 καταειμένον: perfect passive participle of καταέννυμι, "clothe," "cover."
229 κευθμῶνα: "hiding place."
230 ἐλόχευσε: <λοχεύω, "bring forth," "bear."
231 οὔρεος: genitive of οὖρος, Ionic for ὄρος, "mountain."
232 κίδνατο: imperfect passive of κίδναμαι, "spread abroad."
ταναύποδα: "long-shanked."
233 λάϊνον: <λάϊνος, "of stone."
236 χωόμενον: <χώομαι, "be angry."
237 σπάργαν': See on 151.
238 πρέμνων: <πρέμνον, "trunk," "stump" (of a tree).
ὕλης σποδός: "wood ash."

239 Ἑκάεργον: "the one who works from afar," Apollo.
ἀνεείλε(ε): uncontracted imperfect of ἀνειλέω, "roll up."
ἓ αὐτόν=ἑαυτόν, "himself" (S 329d).

241 φή: "like," "as." Barnes' emendation.
νεόλλουτος: "new-washed," apparently with reference to the washing of a baby immediately after birth.
προκαλεύμενος=προκαλούμενος, present middle participle of προκαλέω; "summoning."

242 ἐτεόν: "really."
μασχάλῃ: <μασχάλη, "armpit."

243 γνῶ: unaugmented second aorist of γιγνώσκω, "perceive."

244 φίλον: In epic, φίλος often means "one's own" rather than "dear." Translate: "her."

245 εἰλυμένον: See on 151.
ἐντροπίῃσιν: here, "plots" (AHS).

246 παπτήνας: aorist participle of παπταίνω, "look, peer around."
ἀνά: "up and down," "throughout," + accusative.

247 ἀδύτους: probably "cupboards" or "closets." The neuter ἄδυτον means "sanctuary."
ἀνέῳγε: imperfect of ἀνοίγω, "open."

248 ἐμπλείους: "quite full of," + genitive.

250 φοινικόεντα: <φοινικόεις, "purple."
ἄργυφα: "silver-white."

252 ἐξερέεινε: <ἐξερεείνω, "inquire into."

253 προσηύδα: imperfect of προσαυδάω, "address."

254 κατάκειαι: uncontracted second person singular of κεῖμαι.

255 νῶϊ: See on 168.
διοισόμεθ': future of διαφέρω, "differ."

256 βαλών: "throwing."

257 ζόφον: "gloom of the netherworld," "darkness."

259 ἐρρήσεις: future of ἔρρω, "wander about," "come to harm," "disappear."
ὀλίγοισι: either "small," i.e., children (see *ap. crit.*) or "worthless," "of no account," i.e., the dead (Ca).

261 ἀπηνέα: <ἀπηνής, "harsh."
ἔειπας: "you spoke"; first aorist (=εἶπες).

262 ἀγραύλους: "field-dwelling."
263 πυθόμην: <πυνθάνομαι.
264 μήνυτρον: "reward."
    ἀροίμην: aorist optative of ἄρνυμαι, "win."
265 ἔοικα: perfect of εἴκω, "be like," "resemble," + dative. Translate as present.
266 μέμηλεν: perfect of μέλω, "be of concern to."
268 λοετρά: "baths."
269 πύθοιτο: Independent optative without ἄν in a clause of wishing (S 1814); "may no one find out."
    ἐτύχθη: <τεύχω. See on 196.
271 παῖδα ... περῆσαι: accusative and infinitive in apposition with μέγα θαῦμα (270). For γεγαῶτα, see on 214.
272 ἀπρεπέως: "unbecomingly," "improperly."
273 τρηχεῖα: "rough."
274 ὀμοῦμαι: future of ὄμνυμι, "swear x (accusative) by y (accusative)."
275 μὴ ... ὑπίσχομαι: "Oaths and protestations in the indicative with μή express a solemn denial or refusal, or repudiate a charge" (S 2705i). ὑπίσχομαι is poetic for ὑπισχνέομαι, "profess."
277 αἵ τινες αἱ βόες εἰσί: "Whatever cows are." Hermes is protesting too much.
    οἶον: "only."
278 πυκνόν: adverbial accusative, "often," "closely" (i.e., "shrewdly").
    ἀμαρύσσων: "glancing."
279 ὀφρύσι ῥιπτάζεσκεν: "he tossed with his eyebrows," i.e., he kept moving his eyebrows up and down.
280 ἀποσυρίζων: "whistling."
    ἅλιον: "in vain."
281 ἀπαλόν: adverbial, "tenderly," "delicately."
282 ἠπεροπευτά: vocative; "deceiver," "cheat."
283 ἀντιτοροῦντα: "breaking open." See on 178.
    εὖ ναιετάοντας: "well-situated."

284 ἐπ' οὐδεῖ... καθίσσαι: "To set down on the ground" seems to mean "to strip," "plunder." The origin is obscure, but it has been suggested that the underlying idea is of thieves taking everything down to the last chair (AS).

285 σκευάζοντα: "ransacking," "carrying off the furnishings (σκεύη)" (AS).
οἷ' ἀγορεύεις: parenthetical, "what sort of things you say," "the way you talk." "... the cleverness of his defence marks him as an accomplished thief" (AS).

286 ἀκαχήσεις: epic future of ἀχέω, "distress," "grieve," "annoy."
μηλοβοτῆρας: <μηλοβοτήρ, "shepherd."

287 βήσσης: <βῆσσα, "glen."
ὁπόταν: "whenever," + subjunctive.
κρειῶν ἐρατίζων: See on 64.

288 εἰροπόκοις: "woolly."

289 ὕπνον: internal accusative with ἰαύσῃς <ἰαύω, "sleep," in a negative purpose clause introduced by μή.

291 καὶ ἔπειτα: "even hereafter."

292 κεκλήσεαι: <καλέω, "call."

294 σὺν... φρασσάμενος: <συμφράζομαι, "take counsel."

295 οἰωνόν: here, "sign," "omen."
ἀειρόμενος: "held up," i.e., while Apollo was carrying him.

296– Hermes' omen (designed to confirm Apollo's prophecy in
297 292) consists of two signs: breaking wind and sneezing. The first, according to AHS, "is not elsewhere in Greek an omen," but AS suggest that it may be "a parody of a favorable omen from Zeus" ὑψιβρεμέτης.

296 Hermes' rude gesture is described in high style and personified: "enduring serf (ἔριθον) of the belly, wretched messenger."

297 μετ' αὐτόν: "after it."
ἐπέπταρε: aorist of ἐπιπταίρω, "sneeze."
τοῖο: genitive after a verb of hearing.

299 καὶ... περ: concessive, "however much," "though." Qualifies ἐσσύμενος, "eager for" (+ genitive).

300 πρός ... ἔειπε=προσέειπε, "address x (accusative) to y (accusative)."

301 σπαργανιῶτα: "child in swaddling clothes," vocative.

302 καὶ ἔπειτα: "in the end," "after all" (AS).

304 ὁ δ': "but he." See on 212.

305- The meaning is not clear. AS suggest that Hermes is pushing
306 his ears back with his hands, pretending that he has just waked up. Ca suggests, more plausibly, that he is covering his ears to avoid hearing Apollo's interpretation of the omens (301-303).

305 παρ': "up to."
οὔατα: epic accusative plural of οὖς, "ear."
ἐώθει: imperfect of ὠθέω, "push." (The interpretation of AS depends on taking παρ' ... ἐώθει as equivalent to παρεώθει, "pushed back.")

306 Ca (who prints no comma after 305) takes σπάργανον as the object of ἐώθει.
ἐελμένος: epic perfect middle participle of εἴλω, "roll up"; translate: "rolling up (in it, i.e., the swaddling)." Ca prints ἐελμένον, taking the participle as passive and in agreement with σπάργανον; translate: "the rolled up swaddling clothes."

307 πῇ: "where?" "whither?"
ζαμενέστατε: superlative of ζαμενής, "very mighty."

308 ὀρσολοπεύεις: <ὀρσολοπεύω, "irritate."

309 εἴθ(ε): "if only." The particle introduces wishes, here with the optative.
ἀπόλοιτο: second aorist optative of ἀπόλλυμαι, "perish."

309- See 275-277 and notes.
311

312 δίκην: goes with both imperatives (δός <δίδωμι and δέξο <δέχομαι). "Pay the penalty and accept (reparation)."

313 διαρρήδην: "clearly," "explicitly."
ἐρέεινον: <ἐρεείνω, "ask."

314 οἰοπόλος: "shepherd."

315 ἀμφίς: "asunder," i.e., "at odds."
ὁ μέν: Apollo.

315- If φωνήν is right, we must posit a lacuna containing at least a
316 participle to govern it. Ca prints φωνῶν <φωνέω.
316 ἐλάζυτο: imperfect of λάζυμαι, "seize," "grasp."
317 αἱμυλίοισι: "wheedling," "wily."
318 ἐξαπατᾶν: present infinitive of ἐξαπατάω, "deceive."
  Ἀργυρότοξον: "the one with the silver bow," Apollo.
319 ἐών: epic for ὤν, present participle of εἰμί.
  πολυμήχανον: "with many resources." Modifies Apollo (understood).
322 τέρθρον: "summit."
323 Διὸς περικαλλέα τέκνα: nominative in apposition with the unexpressed subject of ἵκοντο (322).
324 δίκης ... τάλαντα: "scales of justice."
325 †εὐμιλίη†: "The key to εὐμιλίη or εὐμυλίη has not been found" (AHS). The word might mean something like "buzz of conversation" or "good company," "sociability." Ca emends to συλλαλιή, "conversation."
  ἀγάννιφον: "very snowy."
326 ἠγερέθοντο: <ἠγερέθομαι, "assemble."
  μετά: temporal; "after."
  ἠῶ: accusative of ἠώς, "dawn."
328 γούνων: epic genitive plural of γονύ, "knee."
  ἀνείρετο: imperfect of ἀνείρομαι, "ask," "question."
330 μενοεικέα: "plentiful," "sufficient."
  ληΐδ(α): "booty."
331 φυὴν κήρυκος: "stature of a herald." Zeus is anticipating this function of Hermes.
332 σπουδαῖον: "serious," "weighty," predicative; "this (is) a weighty matter."
334 τάχα: "at once."
  ἀλαπαδνόν: "feeble," "powerless."
335 κερτομέων ὡς: "sneering that." (The antecedent is Zeus.)
  φιλολήϊος: "fond of booty." The reference is to ληΐδ' ἐλαύνεις in 330.
336 διαπρύσιον: probably "piercing," "penetrating."
  κεραϊστήν: "ravager," "robber."

337 διά... ἀνύσσας: <διανύω, "finish a journey through."
338 κέρτομον: "impudent" (AHS).
339 λησίμβροτοι: "thieves," "deceivers." "Only here.
341 παρὰ θῖνα πολυφλοίσβοιο θαλάσσης: "by the shore of the loud-sounding sea."
342 Πύλον δ' =Πύλονδ'. For Pylos, see on 216.
343 οἷά τ' ἀγάσσασθαι: "of the sort to marvel at," "marvelous." ἀγάσσασθαι is aorist infinitive of ἄγαμαι, "wonder at," "admire."
344 τῆσιν... βουσίν: "in the case of the cows," "as for the cows"; dative of respect.
345 ἀντία: either "facing toward (the meadow)" or "reversed." βήματ': object of both ἔχουσα and ἀνέφαινε.
346 †ὅδ' ἐκτός†: corrupt. The phrase probably conceals a nominative referring to Hermes. Ca prints Hermann's ἄϊκτος, "unapproachable."
348 διέτριβε κέλευθα: "wore tracks," "made ruts."
349 ἀραιῇσι: <ἀραιός, "narrow," "slight," i.e., "young."
351 διέπρεπεν: <διαπρέπω, "be conspicuous."
352 στίβον: "track," "path."
ἐξεπέρησεν: aorist of ἐκπεράω, "pass beyond."
353 ἄφραστος: "inconspicuous," "hard to discern."
ἠδὲ καὶ αὐτοῦ: "and his (tracks), too."
354 κρατερόν: "hard."
356 ἐν ἡσυχίῃ: "in a secluded place."
κατέερξε: <κατείργω, "shut in."
357 διαπυρπαλάμησεν: "played mischievous tricks," "juggled," i.e., "practiced his extraordinary step." "Apollo was unaware that Hermes had thrown his sandals into the Alpheus and imagined him striding ὁδοῦ τὸ μὲν ἔνθα τὸ δ' ἔνθα" (AHS). For ὁδοῦ... τὸ δ' ἔνθα, see on 226.
359- κεν... ἐσκέψατο: κεν (=ἄν) is often used with the aorist
360 indicative to denote past potentiality or probability, etc. (S 1784). Translate: "could have spied."
360 ὀξὺ λάων: "looking sharp," "sharp-sighted."
πολλά: adverbial; "much," "many times."

Hymn to Hermes 25

361 αὐγάς: "bright light," here, "eyes."
ὠμόργαζε: <ὀμοργάζω, "wipe."
362 ἀπηλεγέως: "carelessly," "without regard to consequences."
363– Apollo is quoting Hermes' words at 263–264.
364
365 κατ᾽ ... ἕζετο=καθέζετο, "sat down."
367 δείξατο: "'made plain,' i.e., directed his remarks to ... " (AHS).
σημάντορα: <σημάντωρ, "leader," "commander."
369 οἶδα: + infinitive = "know how to."
370 ἐς ἡμετέρου: "into our (house)" (S 1302).
371 ἠελίοιο ... ἐπιτελλομένοιο: genitive absolute; "as the sun was just rising."
372 κατόπτας: <κατόπτης, "overseer," "spy."
374 ἠπείλησε: <ἀπειλέω, "threaten," + future infinitive.
375 φιλοκυδέος: <φιλοκυδής, "glory-loving."
377 Hermes echoes his earlier words to Apollo (265).
τι: adverbial accusative, "at all."
378 πείθεο: uncontracted imperative of πείθομαι; "be persuaded."
379 ὡς: "that"; introduces the indirect statement governed by πείθεο (378).
ὣς ὄλβιος εἴην: "so may I be fortunate." The wish is parenthetical or an interjection.
379– What Hermes says is strictly true, but disingenuous. He did
380 not bring the cows home, and he did not cross the threshold.
381 Ἥλιον: The sun, unlike the other gods, sees everything and no doubt has witnessed Hermes' activities. Hence the complimentary reference.
382 ὀπίζομαι: "regard with awe and dread."
383 †ἐπιδαίομαι: corrupt. AHS suggest either μέγαν δ᾽ ἐπὶ ὅρκον ὀμοῦμαι, "I will swear a great oath besides," or μέγαν δ᾽ ἄρ᾽ ἐπαιδέομ᾽ ὅρκον, "I respect (my) great oath."
384 μά: "by x (accusative)"; in oaths.
385 ποτί: epic for πρός. AHS take τίσω ποτί as equivalent to προστίσω, future of προστίνω, "pay back with interest," +

dative. Translate: "I will repay him with interest his cruel trespass (φωρήν) some day" (AHS).

386 καὶ ... περ: "even though," with the participle. See on 299.
ὁπλοτέροισιν: <ὁπλότερος, "younger."
ἄρηγε: "help," "defend," + dative.

387 ἐπιλλίζων: "winking roguishly."

390 ἀρνεύμενον: epic present participle of ἀρνέομαι, "deny."

392 ζητεύειν: <ζητεύω, "search."
διάκτορον: standard epithet for Hermes, of uncertain meaning; "messenger"?

393 ἐπ' ἀβλαβίῃσι νόοιο: "on condition of innocence of intent," i.e., "without tricks."

397 τὼ δ' ἄμφω σπεύδοντε: dual.

400 ἠχοῦ: "where."
τὰ χρήματ': "the things," i.e., the cattle.
ἀτάλλετο: <ἀτάλλω, "bring up," "nourish," "keep."

403 ἀπάτερθεν: "aloof," "apart," "to one side."
βοείας: <βοείη, "ox-hide."

404 ἠλιβάτῳ: "steep."

405 ἐδύνω: imperfect second person singular of δύναμαι.
δολομῆτα: "crafty in counsel," "wily"; vocative.

407 θαυμαίνω: "admire."
κατόπισθε: "hereafter," "in the future"; adjectival with κράτος, "future strength."
τι: enclitic; adverbial accusative.

408 ἀέξεσθαι: "grow," "grow up."

409 περίστρεφε: <περιστρέφω, "tie around."

409–413 Apollo attempts to bind Hermes with willow switches, but the bonds fall to the ground, where they take root. Between 409 and 410, AS and AHS assume a lacuna which contained the antecedent of ταί in 410, but it seems possible to supply the antecedent from ἄγνου ("willow"), which is feminine.

410 ταί: "these (willow switches)."

411 αὐτόθεν: "from the very spot."
ἐμβολάδην: "graft-like." Only here.

ἐστραμμέναι: perfect passive participle of στρέφω, "twist," "plait."

ἀλλήλῃσι: "with each other."

415 ὑποβλήδην: probably "askance."

ἀμαρύσσων: must govern πῦρ, "darting fire (from his eyes)." But Ca points out that ἀμαρύσσω is always intransitive in the archaic and classical periods (e.g., 278) and emends to ἀμαρύσσον, which is accusative to agree with πῦρ—the phrase being the object of ἐγκρύψαι μεμαώς in 416, "eager to hide the glittering fire." This makes it unnecessary to posit a lacuna between 415 and 416, since the only thing needed to connect the verses was an object for ἐγκρύψαι.

417 ἐπρήϋνεν: <πρηΰνω, epic for πραΰνω, "soothe," "tame."

418 λαβών: Understand λύρην or χέλυν as object.

419–420a =53–54a.

421 γηθήσας: aorist participle of γηθέω, "rejoice," "be happy."
ἤλυθ(ε): epic second aorist of ἔρχομαι (=ἦλθε).
ἰωή: "sound."

422 ἐνοπῆς: <ἐνοπή, "voice," "noise."

423 ἐρατόν; adverbial accusative, "charmingly."

426 ἀμβολάδην: adverb, "like a prelude."
οἱ: dative of reference, "his."
ἕσπετο: aorist of ἕπομαι, "follow," "accompany."

427 κραίνων: "accomplishing," here, apparently "celebrating." The antecedent is the subject of γηρύετ' (Hermes).
ἐρεμνήν: <ἐρεμνός, "dark."

428 λάχε: unaugmented aorist of λαγχάνω, "obtain by lot or fate."

430 ἡ γὰρ ... υἱόν: Because he is a poet, Hermes belongs to Mnemosyne.

431 κατὰ πρέσβιν: "according to age."
γεγάασιν: third person plural perfect of γίγνομαι with ἕκαστος as subject; "as they were born, each one" (S 951).

433 ἐπωλένιον: "upon his arm." Understand λύρην or χέλυν.

434 τὸν δ': Apollo.
θυμόν: accusative of respect; "in his heart."

436 βουφόνε μηχανιῶτα πονεύμενε: vocative. "ox-slayer, trickster, hard worker." πονεύμενε is epic middle participle of πονέω ("toil," "work").

437 ἀντάξια: "worthy of," "worth," + genitive.
μέμηλας: See on 266. Active with an accusative object only here: "you have taken an interest in these things."

438 διακρινέεσθαι: future middle infinitive in indirect statement after ὀίω; "I think (we) will settle (our dispute)."

440– ἦ... ἠέ... ἠέ: "whether... or... or." For the accents, see
441 S 2661.

443 θαυμασίην: predicative, for emphasis, and almost the equivalent of a separate clause, "(which is) marvelous" (S 1169).
νεήφατον: "new-sounding."
ὅσσαν: <ὅσσα, "voice," "sound."

444 δαήμεναι: See on 205.

446 νόσφι: "far from," "unaided by," + genitive.
σέθεν=σοῦ; -θεν is an old poetic genitive.

447 μοῦσα ἀμηχανέων μελεδώνων: "song for desperate cares." ἀμηχανέων μελεδώνων is objective genitive. There is hiatus between μοῦσα and ἀμηχανέων, allowed between the short syllables of the third foot caesura (S 47d).

448 τρίβος: here, =τριβή, "care," "practice."
πάρεστιν: impersonal; "it is possible."

449 ἑλέσθαι: aorist middle infinitive of αἱρέω. In middle, "take for oneself."

451 τῇσι: relative.
οἶμος: "way," "path."

452 τεθαλυῖα: epic perfect participle, feminine, of θάλλω, "bloom," "be luxuriant."

454 οἷα: comparative, "as." Picks up ὧδε in 453.
ἐνδέξια: "clever."
πέλονται: <πέλομαι, "be in motion," "go." But very commonly the sense is "be," "be wont to be," as here.

455 τάδ(ε): proleptic, belongs in the ὡς clause; "how beautifully you play these things."

456 οἶδας=οἶσθα.

457 μῦθον: Ruhnken's change (accepted by AS and AHS) for θυμόν read in M (the only manuscript to preserve 457–458). Ca prints Gemoll's θυμῷ. With μῦθον: "respect the words of your elders (AS)." With θυμῷ: "be obedient to (or agree with) your elders in your heart," taking πρεσβυτέροισι with ἐπαίνει.

460 ναὶ μά: "yea, by . . . ." See on 384.
κρανέϊνον ἀκόντιον: "spear made of cornel wood."

461 †ἡγεμονεύσω: if correct, must be transitive, with the meaning "consider" or "deem," but ἡγεμονεύω is not elsewhere transitive. Ca prints Agar's ἡγεμόν᾽ ἕσσω (epic future of ἵζω): "I will sit you down as leader."

462 ἐς τέλος: "in the end," "in the long run."

464 εἰρωτᾷς = ἐρωτᾷς.
περιφραδές: "very thoughtful," "very careful"; vocative.

465 ἐπιβήμεναι: epic aorist infinitive of ἐπιβαίνω, "set foot on," "enter upon," + genitive.
μεγαίρω: "begrudge," + dative and infinitive.

466 εἰδήσεις: epic future of οἶδα.
τοι = σοι, "to you."

469 μητίετα: "counselor," "deviser." Nominative, probably in origin a vocative.

470 ἐκ πάσης ὁσίης: "in accordance with all divine law."

471 ὀμφῆς: "voice" (of a god).

472 πάρα: When the preposition follows its noun, the accent is thrown back to the first syllable (anastrophe) (S 175).
θέσφατα πάντα: "all divine utterance"; in apposition with τιμάς and μαντείας.

473 †παῖδ᾽ ἀφνειόν†: corrupt. AHS suggest πεδάφνειον, "recently." Ca prints Allen's old conjecture παῖ, vocative of παῖς, so that the line reads τῶν νῦν αὐτὸς ἐγώ σε παῖ ἀφνειὸν δεδάηκα: "In these things, (my) boy, I myself know (that) you (are) rich."
δεδάηκα: perfect of *δάω, "learn."

474 αὐτάγρετον: "left to one's choice," "self-chosen."
ὅττι = ὅτι, neuter accusative of ὅστις.

476 μέλπεο: uncontracted imperative of μέλπομαι, "sing."
ἀγλαΐας: <ἀγλαΐα, here, as often in the plural, "festivities," "merriment."
ἀλέγυνε: "care for," "prepare."

477 δέγμενος: epic second aorist participle of δέχομαι.
ἐμέθεν=ἐμοῦ. See on 446.

478 εὐμόλπει: imperative of εὐμολπέω, "sing well."

479 ἐπιστάμενος ἀγορεύειν: Note scansion -ŏs ăgŏrēvĕin.

480 εὔκηλος: "at ease," "free from care."
φέρειν: infinitive for imperative (S 2013). The object (unexpressed) is the lyre.

482 ὅς τις=εἴ τις, in a present general conditional relative clause (S 2567).

483 δεδαημένος: perfect middle participle of *δάω; "skilled in," + dative.
ἐξερεείνῃ: present subjunctive of ἐξερεείνω, "inquire into." AHS suggest the meaning "invite."

484 φθεγγομένη: "speaking," "sounding." The antecedent is the lyre. The last reference to the lyre (ἑταίρην, 478) prepares for the personification in 483-486.
νόῳ: with χαρίεντα.

485 συνηθείῃσιν: probably "practice." "The plural refers to continual and repeated practice, the adjective to the soft touch on the strings" (AS).

486 δυήπαθον: "much-suffering."

486- ὅς ... κεν ... ἐρεείνῃ ... κεν ... θρυλίζοι: a future more
488 vivid conditional relative, with the main clause in the optative with ἄν (κεν) and the relative clause in the present subjunctive with ἄν (κεν) (S 2571). Contrast the condition in 482-483.

487 νῆϊς: "unskilled," "unpractised."
ἐπιζαφελῶς: "violently," "furiously."

488 μὰψ αὔτως: "in vain," "to no purpose."
μετήορα: adverbial; "up in the air," "off the ground," here, "off key."

489 =474.

492 νομεύσομεν: AS translate "eat down" ("eat down the grass with cattle"). AHS take it as governing a cognate accusative, νομούς: "find pastures for the cattle."

493 τέξουσι: future of τίκτω, "bear," "bring forth."
μιγεῖσαι: See on 4.

494 μίγδην: "mingled."
οὐδέ τί σε χρή: an echo of Apollo at 407.

495 περιζαμενῶς: "very violently."
κεχολῶσθαι: <χολόομαι, "be angry."

496 ὤρεξ(ε): aorist of ὀρέγω, "hand over," "hold out."

497 ἐγγυάλιξεν: aorist of ἐγγυαλίζω, "put into one's hand."
μάστιγα: <μάστιξ, "whip."

498 βουκολίας: "cattle tending"; accusative plural.
ἔδεκτο: epic second aorist of δέχομαι.

501a =53a and 419a.

501 ὑπὸ νέρθεν: "under," "beneath" (his hand).

502 See on 54.

503 ποτί: See on 385.

504 ἐτραπέτην: second aorist third person dual of τρέπω, "turn." τρέπω has six aorists.

505 ἄψορροι: "back," "going back."
ἐρρώσαντο: aorist of ῥώομαι, "hasten."

506 χάρη: aorist passive of χαίρω, "rejoice," "be glad." The passive is used in the same sense as the active.

507 καὶ τὰ μέν: adverbial; "on the one hand."

508 διαμπερές: "continuously."
ὡς ἔτι καὶ νῦν: "as still even now." "The expression refers to the close connexion between the cults of the two gods in various parts of Greece ... " (AHS).

509 σήματ(α): accusative in apposition with κίθαρον; "as a token."

510 δεδαώς: second perfect participle from *δάω.

511 ἐκμάσσατο: aorist of ἐκμαίομαι, "seek out," "find out."

512 συρίγγων: <σῦριγξ, "musical pipe," "shepherd's pipe." τηλόθ' ἀκουστήν: "audible from afar" (to the sheep and cattle).

514 δείδια: epic perfect of δείδω, "fear"; + μή, "that," "lest." The perfect is used in a present sense.

515 ἀνακλέψῃς: aorist subjunctive of ἀνακλέπτω, "steal." τόξα: neuter plural accusative of τόξον, "bow." The plural is often used because the bow was made of two pieces of horn.

516 πὰρ=παρά. In poetry, a final short vowel is sometimes cut off before an initial consonant (apocope) (S 75D). ἐπαμοίβιμα ἔργα: "deeds of barter," i.e., "exchange," "commerce." Object of θήσειν (517), future infinitive of τίθημι, in apposition with τιμήν in 516.

518 τλαίης: aorist optative of *τλάω, "venture," "take upon oneself."
ὀμόσσαι: epic aorist infinitive of ὄμνυμι, "swear." See on 274.

519 ἐπί: "by." Homer uses the simple accusative with ὄμνυμι.

520 κεχαρισμένα: <χαρίζομαι, "be agreeable," "please," + dative. Used here in an active sense, "pleasing."

521 ὑποσχόμενος: aorist participle of ὑπισχνέομαι, "promise," + future infinitive.

522 ἐκτεάτισται: perfect middle of κτεατίζω, "acquire," "win."

523 ἐμπελάσειν: <ἐμπελάζω, "draw near to," + dative.

524 ἐπ' ἀρθμῷ: "because of (or for the purpose of) friendship."

525 ἔσεσθαι: future infinitive of εἰμί.

526 γόνον: "child," "offspring." In apposition with ἄνδρα and perhaps also with θεόν.

526– AHS argue for a lacuna because there is no object for ἐκ and
527 because of the abrupt change to the first person ποιήσομαι (527). They suggest as a possible supplement ὅρκον πέπληκεν· φάτο δ' αὖ τόδε καλὸν ἄθυρμα ("He completed a perfect oath and said, 'I shall make this pretty toy a token ... '"). Ca, however, takes ἐκ as adverbial ("besides," "moreover"), and regards the sentence beginning ἐκ δὲ τέλειον as a direct quotation. He translates σύμβολον as "pact," "agreement."

529 ῥάβδον: the caduceus, the divine staff with which Hermes puts men to sleep or wakens them.
530 τριπέτηλον: "with three branches." Probably with reference to the traditional shape of the caduceus: one branch is the handle and the other two spring from it and unite at the top (AHS).
ἀκήριον: "unharmed."
531 θεμούς: "laws"; a conjecture by Ludwich to replace θεούς of the manuscripts.
532 The laws that Apollo says he has learned from the voice of Zeus are the commands of the Delphic Oracle.
536 πιστωθείς: aorist passive participle of πιστόω, "make trustworthy."
538 εἴσεσθαι: <οἶδα.
πυκινόφρονα: "shrewd," "cautious."
539 χρυσόρραπι: "with wand of gold"; vocative.
540 πιφαύσκειν: "to declare," "to make known."
541 ἄλλον ... ἄλλον: "one ... another."
δηλήσομαι: <δηλέομαι, "harm."
ὀνήσω: <ὀνίνημι, "help."
542 περιτροπέων: "driving about" (like sheep). "Apollo 'drives' men like silly sheep, i.e., perplexes them" (AS).
ἀμεγάρτων: "wretched," "unhappy."
543 ἀπονήσεται: future of ἀπονίναμαι, "enjoy," + genitive.
544 φωνῇ ... ποτῇσι: both dative of means. φωνῇ, here, "cry."
ποτῇσι <ποτή, "flight."
546 μαψιλόγοισι: "telling a vain tale" (AS).
πιθήσας: "trusting" (+ dative); <πείθω.
547 παρὲκ νόον: either "out of (his) mind," "foolishly," or "contrary to (my) will."
548 θεῶν: genitive of comparison.
549 φήμ' = φημί: parenthetical.
ἀλίην: "vain."
ὁδόν: internal accusative with εἶσιν. "He will make a vain journey."
ἐγὼ ... δεχοίμην: "Payment (to the oracle) is not by result, the fee is not returned" (AHS).

550 ἐρέω: Ionic for ἐρῶ, "I will say, tell."
552 σεμναὶ ... κασίγνηται: The holy sisters are the Thriae, aged virgins associated with prophecy, who seem also to partake of the nature of bees.
γεγαυῖαι: feminine plural perfect participle of γίγνομαι.
554 κατὰ ... κρατός: "over (their) head(s)." κρατός <κράς, "head."
πεπαλαγμέναι: "sprinkled with" or "sprinkling themselves with"; <παλάσσω, "sprinkle."
ἄλφιτα λευκά: "white meal." Pollen that falls on the heads of the bees when they fly among the flowers.
555 πτυχί: "glen."
556 ἀπάνευθε: adverbial, "far away" (from Apollo). "The Thriae had given Apollo his first lesson in divination, and still continued their art, though the god had outgrown it" (AS).
557 ἀλέγιζεν: <ἀλεγίζω, "trouble oneself," "care."
558 ἐντεῦθεν: "thence," i.e., from their home on Parnassus.
ποτώμεναι: <ποτάομαι, "fly."
ἄλλοτε ἄλλῃ: "sometimes in one direction, sometimes in another."
559 κηρία: "honeycombs"; " ... honey is the food of the gods ... Hence honey gave inspiration, prophetic or poetic" (AS).
560 θυίωσιν: <θυίω, "be inspired." The omission of ἄν is an epic usage (S 2412).
ἐδηδυῖαι: feminine plural perfect participle of ἔδω, "eat."
561 προφρονέως: "zealously," "readily."
562 ἤν=ἐάν.
ἀπονοσφισθῶσι: <ἀπονοσφίζω, "put asunder"; in passive, "be robbed of," + accusative.
563 δονέουσαι: present participle of δονέω; "buzzing."
565 δαείης: aorist optative of *δάω. "If you should become acquainted with ... ," + accusative. Ca prints δαείης, aorist subjunctive. In this case, the condition is future more vivid (εἰ for ἐάν is epic, S 2327): "if you become acquainted with."
566 αἴ κε τύχῃσι: "if he is lucky."
568 ἀμφιπόλευε: "take care of."
ἡμιόνους: "mules."

568– There is a lacuna which probably contained Zeus as subject
569 and a verb to govern ἀνάσσειν ("to rule over," + dative) in 571 (e.g., "Zeus ordered").
569 χαροποῖσι: <χαροπός, "bright-eyed."
ἀργιόδουσι σύεσσι: "white-tusked boars." σύεσσι <ὗς, "wild boar."
572 οἶον: "only."
τετελεσμένον: perfect passive participle of τελέω, "complete," "accomplish." Here, "duly appointed" (AHS).
573 ὅς: The antecedent is Hades.
ἄδοτος: either "without receiving gifts," "implacable," or "without bestowing gifts," "ungenerous."
577 παῦρα: adverbial; "a few times," "seldom," "sometimes."
τὸ δ' ἄκριτον: "endlessly."
ἠπεροπεύει: "deceives," "tricks."
580 σεῖο: epic genitive of σύ.
μνήσομ(αι): either future indicative or aorist subjunctive ("short-vowel subjunctive," S 667D) of μιμνήσκω. "I will remember" (+ genitive).